资助项目：

江西省社科基金项目（23ZXSKJD58）

江西飞行学院高层次人才科研启动资金专项项目（KYC140）

江西飞行学院资助出版

九州文库

企业产融结合研究

毛剑峰　赖欢　刘斯颖　著

九州出版社
JIUZHOUPRESS

图书在版编目（CIP）数据

企业产融结合研究／毛剑峰，赖欢，刘斯颖著．--
北京：九州出版社，2024.4
ISBN 978-7-5225-2714-7

Ⅰ.①企… Ⅱ.①毛… ②赖… ③刘… Ⅲ.①企业经
济-经济发展-研究-中国 Ⅳ.①F279.2

中国国家版本馆 CIP 数据核字（2024）第 058242 号

企业产融结合研究

作　　者　毛剑峰　赖欢　刘斯颖　著
责任编辑　周弘博
出版发行　九州出版社
地　　址　北京市西城区阜外大街甲 35 号（100037）
发行电话　（010）68992190/3/5/6
网　　址　www.jiuzhoupress.com
印　　刷　唐山才智印刷有限公司
开　　本　710 毫米×1000 毫米　16 开
印　　张　11.5
字　　数　152 千字
版　　次　2024 年 4 月第 1 版
印　　次　2024 年 4 月第 1 次印刷
书　　号　ISBN 978-7-5225-2714-7
定　　价　85.00 元

目 录
CONTENTS

第一章

绪　论

1.1　国内外研究现状

企业产融结合是指实体企业与金融企业为了实现企业发展战略目标，通过金融市场，以控股、参股、委派企业高级管理层等方式，将实体企业和金融企业进行一定程度上的结合。企业产融结合作为一种重要的经济和金融现象，是经济和金融市场发展到一定阶段的产物，是实体企业与金融企业发展到一定程度的必然趋势（张鹏、杨珩昱，2020）。从本质上来说，企业产融结合是实体企业与金融企业之间的资源整合，以实现人力资源管理、市场营销、生产管理、技术研发、资金、品牌等方面的协同效应。企业产融结合可以发挥增加企业生产、促进企业销售、降低企业管理成本、提高资金使用效率等作用（朱保成，2017）。目前，我国经济已进入高质量发展阶段，企业产融结合已经成为一种新兴的产业组织形式。企业产融结合作为现代实体企业做大做强、实现全球化等企业战略的重要方法，一直为理论界和实务界所关注，成为经济领域热点之一。目前，我国企业产融结合呈现出中央国有企业为主导、地方国有企业快速崛起、民营企业参控股金融企业以获得金融牌照的格局（张鹏，2017）。据统计，在世界500强企业当中，大约有80%的企业成功地进行了产融结合。

针对企业产融结合的研究，目前国内外专家学者的研究主要集中在企业产融结合的动因、企业产融结合的路径和模式、企业产融结合的有效性、企业产融结合的风险等方面。本书对以上相关文献进行梳理、分析、总结和述评，为进一步开展企业产融结合研究指明方向。

1.1.1 企业产融结合的动因

企业产融结合的动因是实体企业与金融企业进行产业与金融结合的驱动因素。企业产融结合现象的出现有多种驱动因素，以应对企业发展过程中不断出现的问题。国内外许多学者对产融结合的动因进行了研究，这些学者的研究主要集中在缓解实体企业融资约束、追求企业超额利润、降低企业交易费用等方面。国内学者侧重于研究企业产融结合的缓解企业融资约束、追求企业超额利润、信息不对称性、实现实体企业与金融企业资源协同效应等动因（古晓慧，2008；蔺元，2010；万良勇等，2015；黎文靖和李茫茫，2017），而国外学者则侧重研究降低交易费用和商业银行持股企业对内部资本市场产生的影响（Stein，1997）。

（1）缓解企业融资约束

实体企业发展到一定规模时，需要一定的资金支持，而资金需要通过企业融资来解决。实体企业进行产融结合，构建了企业自己的融资平台，运用该融资平台，实体企业可以突破自有资金不足的限制，实现可持续发展。同时，实体企业通过与商业银行、证券公司、保险公司、信托公司、私募股权投资基金、财务公司等金融机构进行融合，拓宽实体企业融资渠道，缓解实体企业融资约束（周莉、韩霞，2010），实现实体企业的做大做强。杜传忠、王飞、蒋伊菲（2014）通过研究发现，企业融资需求、资本资产的保值增值、企业战略转型等是中国实体企业参股商业银行、证券公司、保险公司、信托公司、私募股权投资基金、财务公司等金融机构的主要动因，被参股金融机构类型及参股比例对实体企业产融结合的效率有显著影响。张胜达、刘纯彬（2015）认为中国经济步入三期叠加的"新常态"时期，金融市场与实体经济的结构性矛盾日益突出，为了适应"新常态"环境以及企业发展的需要，一些大型企业集团成立了财务公司，为企业发展提供了资本运作的平台。陈孝明、田丰（2015）通过研究发现，文化产业以及我国金融体系的特点决定了文化企业在融资过程中必然面临商业银行、财务公司等金融机构的排斥。主要排斥有：商业银行对文化企业进行间接融资的排斥、资本市场对文化企业进行直接融资的排斥、证券公司和财务公司等金融机构对文化企业进行融资的排斥等。通过企业产融结合，能够有效减轻商业银行、证券公司、财务公司等金融机构对文化企业融资的排斥，解决文化企业的融资困境。

（2）追求超额利润

资本的逐利性会使资本从低利润行业向高利润行业流动。目前，金融行业往往具有较高的进出壁垒，使得金融行业成为我国相对垄断的行业，同时金融业杠杆往往比较高，这两个因素促使我国金融行业成为利润较高的行业。近年来，我国经济发展速度放缓，钢铁、水泥等传统产业的产能出现严重过剩，实体企业特别是钢铁、水泥等传统制造业利润日益微薄，而商业银行、证券公司、保险公司、信托公司、私募股权投资基金、财务公司等金融机构却赚取超额利润，制造业与金融业的"利润鸿沟"使越来越多的实体企业购买商业银行、证券公司、保险公司、信托公司、私募股权投资基金、财务公司等金融机构的股权，以获取超额回报率（杨筝，2019）。古晓慧（2008）认为资本逐利性是企业产融结合的根本原因。

伍华林（2007）通过研究认为，金融产业利润率高于全社会行业平均利润率是实体企业实行产业和金融结合的外在动力。

（3）降低交易费用

根据交易费用理论，企业和市场都可以实现资源配置，而且企业和市场的资源配置机制是可以相互替代的，然而这两种资源配置的交易费用却存在很大差异（Coase，1937），企业可以通过将企业与外部的交易活动内部化来减少企业的各种交易费用（张五常，1999）。在实体企业与商业银行、证券公司、保险公司、信托公司、私募股权投资基金、财务公司等金融机构产融结合过程中，实体企业与这些金融机构的交易费用主要包括融资成本、信息搜寻成本、谈判费用和履约成本等，金融机构的交易费用主要包括信息搜寻成本、谈判费用和履约成本等。Goto（1982）通过研究发现，企业产融结合改善了企业的公司治理结构，降低了实体企业与金融机构之间的交易成本。尹国平（2011）认为企业产融结合的动因主要包括降低企业交易费用、实现与外部金融机构的财务和经营协同、提高企业资本运作能力等。

（4）其他动因

企业产融结合除了以上的缓解企业融资约束、追求超额利润、降低交易费用等动因之外，还有如提高企业竞争力、推动产业转型升级、促进企业创新和做大做强企业等动因。王巍（2012）通过研究认为，国外众多企业通过实施企业产融结合战略，实现了企业跨越式发展和迅速做大做强的战略目标。郝瑾（2016）通过研究发现，企业产融结合是现代企业发展的大方向，中央国有企业要走出国门，具备国际竞争力，就一定要加快企业与金融机构产融结合的步伐。而植凤寅、缪晓波、吴志鹏、杨涛（2015）认为，实施产业与金融结合的创新发展是实施创新驱动发展战略、推动产业转型升级的重要载体，同时，产融结合也是推进"大众创业、万众创新"工作的具体抓手。谭小芳、范静（2014）指出，全球金融危机的爆发，一方面对我国经济造成巨大冲击，另一方面也为我国企业带来了借助产融结合实现跨国并购的良好机会。

1.1.2 企业产融结合的路径和模式

产融结合的路径和模式是企业采用怎样的方式和模式进行产融结合。国内外学者对产融结合的路径和模式也有不同的理解，有的学者将产融结合的路径和模式理解为实体企业参股金融企业的方式和模式（王秀丽、是松伟，2015；严宝玉、吴逾峰、张文韬，2014；储俊、裴玉，2014）。王秀丽、是松伟（2015）通过研究发现，周期性的产业应该更倾向于选择商业银行、保险相关金融机构进行产融结合，以实现控制企业未来现金流的周期波动风险。而非周期性产业应该积极上市或者进入商业银行、保险、证券等行业，以便在企业有机会进行并购时降低企业融资成本，从而快速提升企业价值。严宝玉、吴逾峰、张文韬（2014）指出财务公司是企业集团产融结合较为常见与有效的模式。储俊、裴玉（2014）提出了参股商业银行、互助合作发展基金等产融结合方式是中小企业可能的产融结合方式。王增业、刘远（2013）认为一些企业集团除了运用证券市场进行直接产融结合以外，还参控股了商业银行、证券公司、保险公司、信托公司、私募股权投资基金、财务公司等金融机构，甚至有些企业自己成立资本公司。

有的学者将产融结合的路径和模式理解为企业产融结合由谁主导或产融结合的方向（张鹏，2017）。张鹏（2017）认为我国企业产融结合不同于英美的市场主导型、德日的银行主导型和韩国的政府主导型的产融结合。杨涛（2012）通过研究发现，近年来企业产融结合逐渐呈现出金融资本和产业资本相互参控股的趋势。卢奇骏（2012）梳理了国际上产融结合的案例，把企业产融结合分为由产而融和由融而产两种形式。王克馨、李宏（2015）研究发现，当前中央国有企业等国内大型企业集团将产融结合作为实现企业跨越式发展的一种途径，主要模式有"服务型""投资型"和"发展型"。目前大型企业集团需要以主业为中心，保持企业产融之间的协调与平衡，并理智地选择适应自身需要的发展模式，同时也需要尽快改善和加强对企业集团产融结合的有效监管。赵志龙（2013）通过分析我国大型实体企业投资商业银行的基本情况，认为产融结合型银行具有实现差异化发展的战略价值。刘伟（2016）认为企业产融结合的最高境界是企业各种功能的融合。邢天添（2016）通过研究发现，从产融结合的实践来看，我国企业产融形成了以银企合作为基础的产融合作和以金融控股为基础的产融结合。

1.1.3 企业产融结合的有效性

企业产融结合可以为企业提供发展所需的资金，降低企业的融资成本，实现企业与商业银行、证券公司等金融机构的协同，提高企业的核心竞争力（古晓慧，2008；李旭超，2017），从而提高企业绩效（谭小芳、郭蕾、胡媛媛，2016；Li and Greenwood，2004）。古晓慧（2008）通过研究发现，中央国有企业实施产融结合，可以提高中央国有企业的核心竞争力、净资产收益率（ROE），完善中央国有企业法人治理结构。李旭超（2017）通过研究发现，上市公司参控股商业银行、财务公司等金融机构的数量和金额与上市公司债务融资成本呈不显著负相关的关系，而参控股上市金融机构能够显著降低企业的债务融资成本。这些研究结论有助于更好地理解企业产融结合与企业债务融资之间的关系，帮助实体企业充分利用产融结合服务企业发展，降低实体企业债务融资成本。庞明、王梦鸽（2016）以2010年至2014年进行产融结合的能源上市企业为研究对象，研究发现，能源企业参股商业银行、保险公司、信托公司、财务公司等金融机构的比例与企业绩效存在相关性，并能提高企业经营绩效。谭小芳、郭蕾、胡媛媛（2016）以 2007 年至 2013 年国有上市公司为研究对象，研究发现，实施产融结合的国有上市公司资产盈利能力和营运资产盈利能力均优于未进行企业产融结合的国有上市公司。韩丹、王磊（2016）认为，从整体上来看，企业产融结合有助于缓和企业投资的不足，提高上市公司的投资效率，没有发现企业产融结合助长企业过度投资的证据。万良勇、廖明情、胡璟（2015）以 2005 年至 2013 年参股商业银行的上市公司为样本，研究发现，上市公司参股商业银行能够显著缓解企业融资约束，这是信息效应和决策效应在起作用的结果。王超恩、张瑞君、谢露（2016）研究发现，企业产融结合能缓解制造企业创新活动的融资约束，从而促进制造企业更多的创新产出，同时发现，制造企业持股非上市金融机构能有效缓解企业融资约束，促进企业创新。

也有学者提出企业产融结合并不能或并不一定能提高企业绩效。王辰华（2004）通过研究指出，我国企业产融结合既存在正效应，也存在负效应，其中正效应主要包括企业的资源配置、企业规模、企业的治理和银企的协同，正效应的概率还是明显超过负效应的。傅艳（2003）认为企业产融结合有效性是动态的、可度量的。王爱东、李果（2017）研究表明，每一个产业在实施产融结合后效率都有所上升，然而，由于产业特点以及各个企业具体实施有所不同，企业产融结合的效果各不相同。马红、王元月（2017）研究表明，参股商业银行、证券公司、保险公司、财务公司等金融机构能够促进企业发展，然而这种效应只有持股比例达到一定程度才能显现。黄昌富、徐亚琴（2016）认为无论对国有企业还是非国有企业，企业产融结合都能够改善这些企业的投资效率，从而提升企业的市场绩效，然而企业产融结合却不利于这些企业提高财务绩效。Li 和 Greenwood

（2004）通过研究指出，企业在参股保险公司之后，企业的运营效率并没有得到较大的改善，企业产融结合效果有限。何玉长、董建功（2017）认为当前我国金融资本化和资本金融化现象扭曲了企业产融结合各方的关系，金融资本的高利润率挤占实体经济利润，金融资本特别是保险资本抢占实体产业股权，对产业资本和实体经济是不利的。

1.1.4　企业产融结合的风险

企业产融结合可能导致实体企业和金融机构之间的风险传染（王志诚、周春生，2006），因此，产融结合风险成为企业进行产融结合的重要考虑因素之一。尹国平（2011）通过研究发现，企业产融结合的风险主要包括放大金融链条、实体企业主业空洞化、产融互动较差等。文柯（2012）则认为企业产融结合是产业资本与金融资本发展到一定阶段的必然结果，产融结合一方面给企业带来协同效应，另一方面，产融结合也可能引发产融各方的利益冲突、流动性危机、产融风险传染等风险。当前，中国经济处于缓增速、调结构、前期政策消化"三期叠加"时期，实体企业为增加利润，纷纷参控股商业银行、证券公司、保险公司、财务公司等金融机构，切入了金融行业。然而，金融监管部门对产融结合还没有成熟的监管手段，实体企业对于产融结合的风险传导机制认识还不到位，风险控制还不成熟。因此，对企业产融结合的风险传导机制与风险控制进行系统化研究有助于企业和金融监管部门更有效地推进企业产融结合（张胜达、刘纯彬，2016）。

1.1.5　企业产融结合对科技创新投入的影响

企业产融结合对科技创新投入的影响主要有以下观点。一是产融结合能摆脱融资约束，释放积极信号，提升企业信誉度、美誉度，降低信息不对称，利于企业经由股权展开外部融资活动并支持自身创新。相比较而言，产融结合对于企业创新的正向影响得到了更多验证。徐辉和周孝华（2020）认为产融结合有利于推动企业实质性创新，并且政府干预越多，这一作用越明显。法治水平的提高可以强化其对企业创新能力的积极影响。徐海峰和邓金丽（2020）认为产融结合促进企业的研发投入，这一促进作用在国有企业和高新技术企业中尤其显著，大规模企业和低融资约束企业在产融结合后更有动力提高研发投入。二是产融结合会抑制企业的实体投资，致使其偏离主营业务，使经营者倾向于牺牲长期研发收益而追求短期股票回报，进而抑制企业创新。如熊郎羽等（2021）认为产融结合显著降低了民营企业的技术创新投入，简单地增加与金融机构股权关联难以解决民营企业创新激励问题。肖步云（2020）认为金融机构的高额回报率会使资产的价格超出原有企业价值，商贸流通企业由于更多关注短期利益回报率而变得更加短视，这对于企业长远发展较为不利，减少企业长期研发创新资金投入。三是不同模式和类型下的产融结合对企业创新的影响是不一样的。杨筝等（2019）探讨了不同模式的产融结合对企业科技创新投入的作用。实证结果显示，"金融+实体"的产融结合模式显著促进实体企业技术创新，且在强融资约束、强监督作用下，这一促进作用更显著，而"实体企业持股金融机构"的产融结合模式对技术创新具有抑制作用。谭小芳和张伶俐（2018）基于内设型、合作型两种产融结合类型分析二者对研发投资与创新产出关系的调节作用，结果显示相比于合作型产融结合，内设型产融结合更能提高企业研发投资水平，并且内设型产融结合多元化显著强化产融结合对研发投资的支持程度。杨竹清（2018）认为持股金融企业股权对企业研发投入有一定"挤出效应"，但当绝对控股金融企业时，可以强化产融结合对研发创新的积极作用。

1.1.6　研究评述

从以上文献回顾可以看出，国内外专家学者主要对企业产融结合的动因、企业产融结合的路径和模式、企业产融结合的有效性、企业产融结合的风险等方面进行研究，视角新颖，内容也比较全面，在以下几个方面做出了成果，得出了一些研究结论，为后续企业产融结合理论研究奠定了很好的基础。一是企业产融结合可以缓解企业融资约束、追求超额利润、降低交易费用等，在经济发展和企业发展中起到了重要作用。二是企业产融结合的路径和模式不是一成不变的，具体企业要立足国情和企业的具体情况，主流的观点是参股商业银行等金融机构，由产到融。三是企业产融结合的有效性结论出现较多分歧，这和实证产融结合有效性模型选择不同的控制变量、所选实证数据等因素有关。

然而，目前关于企业产融结合研究还存在以下几个方面的局限性：（1）近年来，我国的经济环境、国际政治环境等发生了很大变化，如贸易战、经济新常态、去杠杆、新冠疫情流行等。在新的环境下，企业产融结合如何与时俱进，还需要进一步研究；（2）以往的产融结合研究主要集中在企业产融结合的动因、企业产融结合的有效性、企业产融结合的路径和模式的研究，对企业产融结合的机理并没有形成系统化的研究，而企业产融结合的机理是企业产融结合理论和实践的基础，因此，需要对企业产融结合的机理进行系统研究。（3）有效的高管激励机制能够促进企业研发投入，保障公司日常运营。职业经理人的薪酬与公司的经营业绩挂钩，因而对于具有风险不确定性的创新研发项目，职业经理人与股东的出发点往往相背离。当企业实施高管激励机制，企业产融结合对科技创新投入的影响是否有不同的结论还需进一步研究。这些关于企业产融结合的研究局限为后续企业产融结合研究提供了研究空间。

1.2 研究意义

1.2.1 理论意义

（1）丰富了企业产融结合的理论研究视角。在理论研究领域，国内外学者对产融结合的理论研究主要集中在产融结合的有关概念、产融结合的动因、产融结合的有效性、产融结合的模式和路径。本书研究分析了产融结合的机理，构建了以条件、动因、目标和路径等为要素的产融结合研究框架，丰富了企业产融结合的理论研究视角。

（2）进一步完善企业产融结合作用机理。以清晰的企业发展战略为指导，立足企业的现状和发展需求，通过企业所从事的产业和金融两个子系统的互动来推动企业持续发展。企业的技术、管理、营销、规模等产业资源和并购、债券、资本运营、市值管理等金融资源通过资金流进行互动，通过企业融到企业发展所需要的资金、平滑企业利润、提高企业市场竞争力等途径，实现企业价值最大化。

（3）实证检验了企业产融结合与研发费用投入、经济后果关系的关系。基于管理协同效应理论、企业资源基础理论、交易费用理论、多元化经营理论、信息不对称理论、内部资本市场理论、融资约束理论、产业融合理论等理论基础，分别以高管薪酬、融资约束作为中介变量，并以此为基础对企业产融结合与 R&D 投入、经济后果的关系进行理论分析，提出了相关研究假设。然后，构建计量经济学模型，运用分组检验、描述性统计、Pearson 相关性分析、多元回归分析等研究方法对企业产融结合与R&D 投入、经济后果的关系进行分析。

1.2.2　现实意义

（1）通过产融结合促进企业产业整合。国内许多产业市场当前一个很大的特点是市场的集中度很低，大部分行业的集中度都没有达到20%，而市场需求的扩张又处于不断增大的趋势，这一点与美国100年前的产业市场是非常相似的。行业集中度低的最大原因是行业进入门槛低、市场无序、竞争手段低劣。缺少行业龙头企业提高行业门槛、维持市场秩序、制订行业规则，对整个行业的正常发展是很不利的。通过产融结合可以帮助企业实现产能整合，提高行业集中度，推动企业高质量发展。

（2）通过产融结合促进企业国际化。企业为了寻求更大的市场、寻找更好的资源、追逐更高的利润，就要突破一个国家的经营界限，在两个或两个以上的国家从事生产、销售、服务等活动。在国外寻找产业链内的并购标的，通过运用产融结合，实现企业的管理国际化、生产国际化、销售国际化、融资国际化、服务国际化和人才国际化。

（3）有利于平滑公司利润，避免企业利润出现大幅度波动。2018年，全球五大最赚钱公司当中，中国公司占了4个，全部是银行。2018年，中国3600多家A股上市公司净利润33897亿元，而32家上市银行净利润14813亿元，占A股上市公司净利润44%，占A股非银行上市公司净利润78%。自2015年到2018年，A股上市银行净资产收益率（ROE）平均值分别达到15.67%、13.87%、13.04%、12.24%，远远高于同期A股上市公司和非上市公司的ROE。而企业所处的产业具有一定的周期性，通过产融结合有利于平滑公司利润，避免企业利润出现大幅度波动。

（4）有利于企业更好地进行创新投入和提高企业业绩。在实证检验了企业产融结合与R&D投入、经济后果的关系之后，在分析原因的基础上，提出企业应设计合理的高管薪酬体系等建议，促进企业加大创新投入和提高企业业绩。

1.3 研究思路

本书首先基于管理协同效应理论、企业资源基础理论、交易费用理论、多元化经营理论、信息不对称理论、内部资本市场理论、融资约束理论、产业融合理论等基本理论，对西方发达国家产融结合的主要模式进行分析，总结出其值得借鉴的地方，然后构建企业产融结合的作用机理。其次构建计量经济学模型，运用分组检验、描述性统计、Pearson 相关性分析、多元回归分析等研究方法，对企业产融结合与 R&D 投入、经济后果关系的关系进行实证检验。最后分别以浙江恒逸集团有限公司、海航集团有限公司为对象进行案例分析，提出企业实施产融结合的建议，为企业实施产融结合提供参考。

1.4 研究方法

（1）文献分析法。本书通过查阅图书、国内外期刊等方面的文献资料，结合本书的研究目的，通过系统的文献研读，整理、总结和归纳前人的研究成果。梳理管理协同效应理论、企业资源基础理论、交易费用理论、多元化经营理论、信息不对称理论、内部资本市场理论、融资约束理论、产业融合理论等，以清晰的企业发展战略为指导，立足企业的现状和发展需求，基于企业所从事的产业和金融两个子系统的互动，构建了企业产融结合的作用机理，为本书研究提供理论依据和理论借鉴。

（2）计量分析方法。构建计量经济学模型，运用分组检验、描述性统计、Pearson 相关性分析、多元回归分析等研究方法进行实证研究。以高管薪酬作为中介变量，并以此为基础对企业产融结合与 R&D 投入的关系进行实证分析。以融资约束作为中介变量，并以此为基础对企业产融结合与经济后果的关系进行实证分析。

（3）案例分析法。以浙江恒逸集团有限公司、海航集团有限公司为案例，分析两家企业实施产融结合以及成功失败的原因，提出企业实施产融结合的建议，为企业实施产融结合提供参考。

1.5　创新之处

（1）丰富了企业产融结合的理论研究视角。在理论研究领域，国内外学者对产融结合的理论研究主要集中在产融结合的有关概念、产融结合的动因、产融结合的有效性、产融结合的模式和路径。本书构建了以条件、动因、目标和路径等为要素的产融结合研究框架，丰富了企业产融结合的理论研究视角。

（2）构建计量经济学模型，运用分组检验、描述性统计、Pearson 相关性分析、多元回归分析等研究方法进行实证研究。以持有非上市金融企业股份的 A 股上市公司为样本，探索产融结合对企业科技创新投入的影响，并重点考察了高管外部薪酬差距的调节效应。以持有非上市金融企业的 A 股上市公司为样本，探索产融结合对企业业绩的影响，并重点考察了融资约束的中介效应。

（3）从产业资源和金融资源互动的视角，构建了企业产融结合的作用机理。以清晰的企业发展战略作指导，立足企业的现状和发展需求，通过企业所从事的产业和金融两个子系统的互动来推动企业持续发展。大型企业集团的技术、管理、营销、规模等产业资源和并购、债券、资本运营和市值管理等金融资源通过资金流进行互动。既能发挥金融资源的战略作用为企业拓宽融资渠道，同时扩大产业规模、实施多元化战略、降低经营风险，使得企业在市场经济中获得竞争优势，获取其他领域的利润，实现企业价值最大化。企业产融结合的作用机理为后续进行实证研究等打下基础。

第二章

企业产融结合的理论基础

2.1 企业产融结合的基本理论

2.1.1 管理协同效应理论

　　管理协同效应来源于"协同学"这一概念,由物理学家赫尔曼·哈肯在 1969 年首次提出。他在对激光进行研究的过程中发现系统中存在一种现象,以子系统的协同作用可以使得各种系统从无序到有序。转化的核心并不是完全取决于系统的平衡状态,而是取决于各个子系统的协同效率。管理协同效应理论就是运用协同学的规律,在企业管理中研究整体效应的一种方法。20 世纪 60 年代,著名的战略管理学家伊戈尔·安索夫(1965)在其著作《公司战略》一书中提出了协同是企业战略四要素之一,并将协同效应理论用于解释企业管理现象。他认为企业可以根据自身能力和现实机遇,通过协同战略开拓新的发展空间,帮助企业发挥多元化经营的优势。之后日本教授伊丹广之(1980)在安索夫研究的基础上对协同的概念进一步研究，并将其区分为"互补效应"和"协同效应"。他认为协同可以让企业发挥隐性资源效用的最大化。安德鲁·坎贝尔（2000）在《战略协同》一书中说道，当企业把组织中自身的资源同时无成本应用于其他部门的时候，就能充分发挥资源的优势，产生协同效应。我国学者韩伯棠教授（2004）认为要帮助公司解决竞争优势与资源利用的协同问题，就要通过内部资源协同、资源扩展模式和多角化经营来实现协同效应。而协同效应又分为经营协同、财务协同和管理协同，其中管理协同效应又叫差别效率理论，是指当管理能力强的企业与管理能力弱的企业发生并购的时候，管理资源可以运用到所控制的企业，使得双方的管理效率提高。也就是企业之间通过资源和资本的整合实现企业 1+1>2 的企业管理现象，这样企业原来分散的各种资源整合起来就能发挥更大的作用。

在企业产融结合的过程中，管理协同效应包括了战略的协同、组织结构的协同以及财务的协同等。企业产融结合产生的协同效应就是企业资本和资源的整合。如企业可以将金融服务渗透到材料采购、销售、售后服务等环节，提高企业效益；金融产业也可以通过企业各方面的资源，开拓金融产业的发展空间。例如美国通用电气公司过去所属的资本公司信用评级较低，通过产融结合使资本公司发行债券的利率降低，这样就降低了整个集团的融资成本，美国通用电气公司电气产业的良好客户关系也可以为资本公司提供优质的客户，这样产业与金融业务取得了协同效应。

2.1.2 企业资源基础理论

资源基础学说最早起源于 20 世纪 50 年代，潘罗思教授（1959）在他的著作《企业成长理论》中认为企业不仅是一个组织，也是资源的集合，重点讨论企业通过内部资源为企业获得核心竞争力，提高经济效益。而 1984 年沃纳菲尔特正式提出企业资源基础理论，并成为战略管理新的理论流派——资源观。资源基础理论指出一个企业的核心竞争力并不是依赖于外部资源，而是由于企业具有的有形和无形资源形成区别于其他企业的异质性资源，这些资源能够转化成企业核心的能力，影响企业在市场中的竞争和收益水平。之后杰伊·巴尼（1991）在《企业资源与持续竞争优势》中明确构成异质性资源的四种要素。他认为企业中的资源不是都可以为企业在市场竞争中带来优势，只有稀缺的、难以复制的、无法被替代和有价值的资源才能构成企业的核心竞争力。企业资源基础理论重点关注的是企业内部的异质性资源、成长能力以及知识对企业提高竞争优势的影响。在现代企业的发展过程中，企业资源发挥越来越重要的作用，企业拥有的各种资源越多，该企业实现可持续发展的能力也就越大，相反，没有什么资源的企业想要获取企业的可持续发展将会越来越困难。对于实体企业来说，金融资源是有价值的并可以形成企业核心竞争优势、持续增加企业价值的稀缺资源（李科、徐龙炳，2011）。

　　站在企业产融结合的角度上，企业若获取了金融资源的支持，则更有可能获得金融资源带来的一系列竞争优势，促进战略的落地和实施，进而提高企业的价值，具体路径如下：首先，金融资源通过为企业提供投融资便利等方式，增加企业资本供给，增大企业发展壮大的动能（刘小玄、周晓艳，2011）；其次，相对于其他行业，金融行业的准入门槛更高、对从业人员要求更高，并且金融牌照是稀缺资源；最后，金融机构是实体产业的经济血脉，可以为企业提供融资、结算和风险管理等金融服务，能够对企业的资源进行推动、调节、合理配置，相较于企业的一般资源，它属于异质性资源特征的稀缺资源（Sutanto and Sudarsono，2018）。此外，当实体企业所处行业竞争程度较高、产品利润空间较小时，企业获取金融资源、保持竞争优势的动机越强（杜慕群，2003），通过开展金融相关业务，实体企业能够借助金融资源的战略性作用，充分发挥企业多元化发展的竞争优势，实现"产"和"融"资源的有效协同和合理配置，最终影响企业竞争力并为企业增加经济效益。

2.1.3 交易费用理论

"交易费用"这一词最早产生于1937年，新制度经济学鼻祖科斯在他的《企业的性质》中提出，不论是企业和市场在交易中都会产生费用，这种成本称为"交易费用"。科斯认为存在的交易费用使得外部交易内部化，也就是市场将外部的交易转化成为企业内部交易，通过这样的机制实现总的交易费用的降低。经济学家威廉姆森同样对交易成本理论产生巨大影响。他在科斯研究基础上系统地进行梳理，将交易费用分为事前的成本和事后的费用，包括搜集信息产生的费用、谈判的费用、签订合约产生的费用和违约等带来的与交易相关的费用。

在交易费用理论中，企业和市场虽然是不一样的交易方式，但却能够互相代替。威廉姆斯认为，由于交易中的信息并不是完全的，交易双方都会选择保全自己的利益，因此使得市场的交易费用提高。另外，交易中常常发生一些不确定因素，以及交易频率的多少、交易参与人自身情绪因素等，最终都可能对交易费用造成影响。而企业就成为一种替代市场的交易机制而存在，因此交易费用的产生决定了企业这种交易机制的存在。之后威廉姆森（1985）对交易费用理论进行更深一步研究，发现了影响交易成本的三个维度及衡量标准，并把交易费用的研究运用于其他相关理论中。而他提出的交易成本理论中的"资产专用性"则强调当交易双方主体合并实现垂直一体化就能实现最优交易。由于市场与企业这两种组织形式中还有中间方式，新制度经济学提出，把企业集团内部与产品和资本市场相结合，那么两种组织的界限就会相对模糊，从而进一步拓展企业的范围，为企业多元化发展注入活力。

根据之前的理论，交易费用会发生于企业交易中也存在于市场交易中。以产业企业为例，交易费用包括资金融通的成本、搜集信息的费用、与金融机构订立合同的成本以及金融机构带来的机会成本，比如由银行、保险公司或者证券公司提供金融服务时，企业一般需要按照市场价格支付银行利息，或者向证券公司等金融机构支付债券、股票发行费用等。为了在交易中可以减少交易费用，企业会选择不同的交易方式，比如说扩大规模进入金融产业。对于金融机构尤其是银行来说，其交易费用主要包括，因信息不对称，金融机构无法获取企业的所有信息，当企业经营状况不好而通过造假等手段获得贷款，到期却无法归还所带来的成本（张龙天，2017）。另外，交易费用理论一般假定契约主体是具有机会主义行为的，当金融机构发现企业有无法还款的风险时，为了止损，金融机构可能会把贷款收回或者停止发放贷款，这样对企业就会造成损失。而通过产融结合的方式，企业参股或投资设立金融机构就能在一定程度上节约交易费用，将外部的金融业务进行企业内部化。同时也避免因为企业与金融机构之间信息不完全而造成的风险损失和沟通成本。

2.1.4 多元化经营理论

多元化经营理论最早由战略管理学家安索夫在 1957 年发表的《多元化战略》中提出，他认为企业不能只集中在自己的主营业务，而应该在控制风险的情况下实现多元化经营，以此来获得更多的市场份额。企业采用多元化经营战略是权衡成本与收益的结果，会受到多种因素的综合影响（Demsetz，1964；杨兴全等，2018）。与理论界早期强调的交易费用、资源要素、代理成本等观点略有不同（Denis et al.，1997；G et al.，2015），我国企业在实施多元化经营的实践中，总结出多元化发展要更加重视对资源和资产的整合，要重视外部制度的环境变化和企业实施多元化战略中的特征差异（陈信元、黄俊，2007）。企业多元化经营是企业通过丰富其产品的种类或者进入新的领域，经营不同的产品以开拓市场，获得更多的竞争机会，并能够充分调用企业资源，提升企业品牌及价值。当一个企业在某一领域取得成功之后，良好的企业品牌形象可以让企业凭借良好的信誉以较低的成本进入新的领域，从而为企业带来利润。在融资成本方面，多元化企业更容易从资本市场获得融资。而在人力市场上，多元化的企业可以有资本培养更多的人力。

在企业自身业务发展较好的情况下，通常会通过成立独立的金融机构，为企业提供金融服务，实现产融结合（齐平、康楚仪，2022）。对于企业来说，多元化经营能够促进产融结合，企业的多元化水平越高，就越有可能实现产融结合（杨竹清，2018）。企业多元化发展，其所投资的项目就多，就需要更多的资金，才能提高企业的风险承受能力。而大多数的多元化经营企业其规模也相对较大，因此可以在资本市场获得更多资金支持。同时多元化经营也帮助企业提高自己的利润率，当一个业务或项目盈利能力较差时，企业可以将更多的人力、资源倾斜给盈利能力较强的项目，同时多元化经营为产融结合奠定了基础（杨竹清，2018）。我国当前经济整体增长速度放缓，尤其是实体经济产业结构转型压力日益增大，金融领域就成为企业拓展的新方向。除经济、政治等外部环境因素的影响外，产融结合的方式也是由企业自身的内驱力产生的。实施产融结合能使多元化经营企业从规模经济的角度上实现产业资本与金融资本的融合，发挥资源的协同效应，提升产业资本自身的循环与增值速度，拓宽产业资本的融资渠道，分享来自金融行业的高利润，最终提升企业价值（马红，2018）。但是金融行业属于高溢价、高杠杆和高风险的行业之一，企业涉足金融业务可能会带来风险的传递和外溢，因此，为了减少多元化的影响，实现企业增长和投资的最优匹配，就要建立与企业所处生命周期匹配的多元化战略（Maksimovic and Phillips，2002），选择适合企业生命周期和特点的产融结合的类型。

2.1.5 信息不对称理论

在新古典经济学理论框架下，信息是完全对称和充分的，拥有完全信息的市场参与者可以做出最优决策。但是在实际经济状态下，由于认知的差异以及高昂的信息获取成本，信息不对称的问题是普遍存在的。1970年，阿克洛夫在《次品市场》一文中指出，买卖双方在交易时所拥有的信息并不是完全一致的，通常情况下，能够掌握更多信息就意味着在交易中可以占到有利地位，而信息相对贫乏的交易者则会受到部分利益的损失。因此占据信息优势的一方就可以利用信息的不对称获取利润，此时市场效率将受到影响，甚至出现市场失灵。之后，经济学家斯蒂格利茨和斯彭思则对保险市场、信贷市场存在的道德风险问题和人力市场信息不对称进行了深入的研究。信息不对称理论在金融市场的应用为产业企业融资约束提供了理论依据（李茫茫，2018）。产业企业作为资金的需求方和使用方，在自身运营状况、资金用途、投资风险等方面具有信息优势。金融机构在国家货币政策、提供金融服务的能力等方面拥有更多的信息优势。当企业向金融机构（如银行）进行借款时，银行可以决定企业借款的额度、期限和借款利率等，而企业则在自身真实经营情况、借款用途和还款能力上有更多的信息优势（王莉、马玲、郭立宏，2010）。银行的信息优势主要体现在签订借贷契约之前，产业企业的信息优势则在之后。由于信息不对称的存在，金融机构无法对企业做出客观、准确的评价，为了保障自己的权益不被损害，银行通常会制定较高的贷款利率。而作为借款方的企业也会为获得资金而选择隐蔽对自己不利的信息，最终使得一些有保障的大型国有企业能够获得更多的贷款，而有发展潜力的中小企业却很难获得银行资金。

相对于外部市场，内部市场的信息优势更明显，企业产融结合是实现"内部化"的手段之一。产业企业通过参控股金融机构或与金融机构建立关联、建立金控平台或金融控股公司等方式，进行资本化运作、资产证券化、资金融通等活动，信息在双方之间进行充分的共享，能够很大程度上缓解信息不对称所带来的影响。金融机构可以获取企业的真实信息，全面客观地评估企业的经营状况，追踪资金使用状况，向企业提出合理的建议，使尽可能多的资金投向优质的项目，帮助企业做到有效投资（郭梦田，2021）。

2.1.6 内部资本市场理论

20世纪50年代以后，欧美发达国家掀起了企业兼并联合的浪潮，大企业和企业集团飞速发展，并由此产生内部资本市场。阿尔钦（1969）在研究通用电气的发展经历时提出了内部资本市场这一概念，认为通用电气实现高速增长的原因在于其内部资本市场的存在，在内部资源配置方面，通用电气拥有其他企业无可比拟的优越性。威廉森（1975）认为集团内部对于有限的资本也是相互竞争的，他以交易费用理论为基础，提出内部资本市场理论。为配合集团内多部门或多个子公司的经营资本需求，集团总部能够归集集团内部运营资金并在各部门或各子公司之间重新配置，进而使其流入更有价值、有潜力的部门或子公司，从而推动集团内部资金使用效率的不断提升。威廉森认为企业集团内这种竞争性的资本市场即为内部资本市场。

与外部资本市场通过价格机制在不同经济主体之间配置资源不同，内部资本市场在企业集团内部配置资本，它必须依附于某种企业组织模式（如事业部制或控股公司制）通过权威进行资源配置（臧玉荣，2015）。例如一个集团式企业会将其内部的任务与资源分配给下属部门，下属成员在参与子项目时需要筹措的资金既可以从外部获得，也可以在集团内部进行调配申请。但内部资源的有限性使得各个分部之间形成了一种竞争关系，这种竞争关系类似于外部市场的竞争机制。而集团总部是资源配置的核心，通过对各分部或子公司的管控，将资源在各分部或子公司之间进行分配（冯丽霞、肖一婷，2008），能够降低企业内部与外部市场上的摩擦，提高资产配置效率。

Triants（2004）总结出了内部资本市场资金配置的主要类型，包括资金直接划拨、资产关联交易、担保关联交易、对同一项目共同投资。从内部资本市场运作方式看，集团总部影响各分部或子公司财务资金的方式有针对性分配股利、内部贷款和意外现金分配（杨艳文，2016）。内部资本市场通过在企业集团内部进行跨部门或子公司的资本配置，在缓解融资约束的同时，可以更加有效地对资本加以配置，避免信息不对称导致的代理成本（赵天阳，2018）。企业集团在资源配置过程中，内部资本市场还起到了连接外部资本市场和企业内部资源需求方（各分部或子公司）的作用。然而，通常集团主要控股大股东掌握着整个企业集团的内部资本市场中的资源分配权利，大股东会根据自身利益的最大化对稀缺资源进行分配。来自集团内部的寻租行为以及利益输送行为均会降低内部资本配置效率，集团内部资源配置也就会沦为集团控股大股东榨取其他小股东利益的工具（杨艳文，2016）。

2.1.7 融资约束理论

企业的融资理论最早由 Modigliani 和 Miller（1958）提出，他们认为在完善的资本市场下，企业的投资与融资是互不影响的，企业从外部获得资本和从内部获得资本的成本是一样的，因此企业的价值与资本结构是无关的。之后 Modigliani 和 Miller（1963）又对 MM 理论进行修正，认为企业可以通过增加负债的方式，充分发挥财务杠杆效应降低资金成本。MM 理论的运用也开启了其他学者对公司金融的研究，但在现实环境中，并不存在 MM 假设理论中真正意义的完美资本市场，企业在获取资金时总会遭遇各种困难。由于逆向选择和代理问题的存在，企业通过外部市场获得融资的成本往往是高于企业内部融资成本的。对于外部债权人来说，他们提供资金要承担更多的风险，因此会要求更高的利率，产生了融资约束的问题。关于融资约束的概念，从现有研究来看，并没有一个准确的定义，但不同学者从不同视角对其进行了定义。Kaplan 和 Zingales（1997）认为当企业外部融资的成本高于内部融资的时候，企业就产生融资约束问题。Silva 和 Carreira（2011）提出，当外部资金受到某种限制，企业由于缺少资金而不能满足投资和发展需要，则表明存在融资约束。之后 Fazzari（2000）则发现融资约束和企业现金流的敏感程度有一定联系。如果从广义和狭义两个层面来定义融资约束，那么企业内外部融资成本存在差异则更多表现为广义的融资约束，此时的融资约束应包括企业内部融资约束和外部融资约束。狭义的融资约束往往是指当企业需要外部资金时，因外部融资成本较高或因为信贷配给以致外部融资受限。

由于交易成本和信息不对称的存在，金融机构的外部信贷资金相较于企业内部能够获得较高风险溢价，实体企业获得外部融资的成本一般高于内部融资，因此现实中许多企业都面临融资约束的问题（Silva and Carreira，2011）。在这样的情况下，企业产融结合能够有效地打破信息不对称，缓解企业融资约束。实体企业通过参股金融机构，他们之间的信息共享及交易以"中央权威"的命令方式传达，从而大大降低了信息收集成本和交易费用，对于企业而言，交易费用的节省就意味着有更多的内部资本可以支配（周莉、韩霞，2010）。同时也有助于增强银行对企业贷款的信心，降低贷款利率，而原先面临的融资约束就会得到缓解（万良民、廖明请、胡璟，2015）。另外，当企业参股金融机构时就能进入金融机构的董事会，对银行的贷款决策等有了一定的决定权，因此企业可以相对容易获得银行的关联贷款（Charumlind and Wiwattanakantang，2006）。

2.1.8　产业融合理论

最初学术界对于产业融合的讨论是关于 3C 的融合，即计算机产业、通信产业和消费类电子产业的融合。1978 年，美国计算机科学家尼古拉斯·尼葛洛庞帝通过三个交叠的圆圈代表计算机、印刷和广播，而他提出三个产业的重叠区域将会是一个新的高速发展领域。产业融合定义多数都是从信息通信业开始，如尤飞亚（1997）认为产业融合是基于数字技术的产品整合。日本学者植草益（2001）分析产业融合产生的前提是技术的革新和管制的放松。我国学者马建（2002）对产业融合进行了更深入的研究，他认为以上揭示仅限于通讯业的产业融合，而现实中，产业融合可以发生在其他领域。随着技术的升级和监督机制的放松，发生在产业交叉处的技术融合会改变之前产品的特征和需求，使得企业之间的竞争关系重新建立，最终导致产业界限的收缩甚至消失。

产业融合推动我国经济的发展，通过各产业之间的要素整合利用，资源可以最大程度配置，从而产生经济增长（钱小林，2011）。而技术革新较快的行业与其他产业更容易进行融合，因此通过产业融合可实现产业整体的创新。不同产业的相互交叉和渗透，能够共享产业之间的技术，并形成新的共同资源（马健，2002）。产业融合能够实现产业的集聚，缓解不同产业的信息不对称问题，达到规模经济，例如一二三产业的相互渗透就能实现产业链的延长，同时也创造更多的就业机会，在发展本土产业时又能吸引周边的资本流入，增加地区收益，带动经济增长（贾洪文、赵明明，2020）。实体产业与金融产业的互动融合，形成独特的发展模式，为实体产业和金融产业增添活力。通过产融结合，实现实体产业与金融产业的协调发展（龚艳，2015）。

2.2　企业产融结合的作用机理

企业的发展依靠产业资源和金融资源的互动，产业资源与金融资源相互融合，共同支持企业发展。产业与金融互动下的企业产融结合的作用机理如图 2.1。

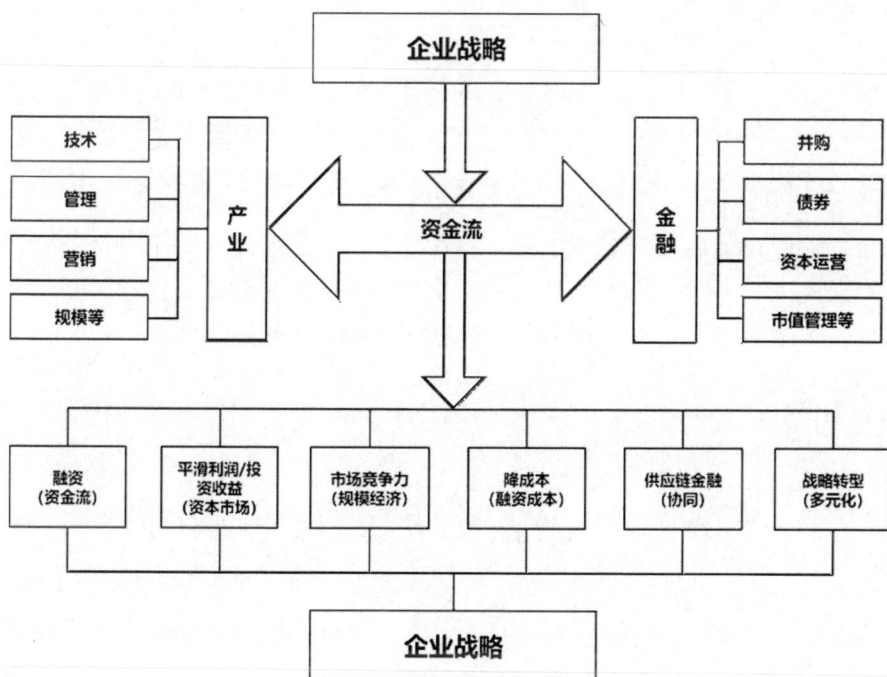

图 2.1　企业产融结合的作用机理

以清晰的企业发展战略作指导,立足企业的现状和发展需求,通过企业所从事的产业和金融两个子系统的互动来推动企业持续发展。大型企业集团的技术、管理、营销、规模等产业资源和并购、债券、资本运营和市值管理等金融资源通过资金流进行互动。既能发挥金融资源的战略作用为企业拓宽融资渠道,同时扩大产业规模、实施多元化战略、降低经营风险,使得企业在市场经济中获得竞争优势,获取其他领域的利润,实现企业价值最大化。

第三章

企业产融结合的主要动因

据统计，在世界 500 强企业中，有 80% 以上企业都成功地进行了产融结合。

3.1　降低交易成本

企业实施产融结合的最直接动因是降低企业的交易成本。企业在生产经营过程中会涉及大量与外部金融机构的交易活动，而一般企业要按较高的市场价支付交易费用给外部金融机构。企业产融结合是将企业与金融机构的外部交易内部化，企业原来要与外部金融机构的金融交易所产生交易成本较高，通过产融结合成为金融机构内部成员，从而降低交易成本。企业与金融机构产融结合之后，企业与金融机构双方的信息不对称的情况会降低，金融机构通过内部化交易解决信息不对称的问题，从而降低交易成本。企业通过产融结合，企业与金融机构两者有着共同的利益诉求，可以节省企业大量的资金使用费用，还可以节省企业搜寻交易对象的费用、谈判费用、债券发行费用等，从而降低企业交易成本。

3.2　实现协同效应

协同效应是两种要素相互结合产生 1+1>2 的效应，就企业产融结合来说，产融结合协同效应是产业资本和金融资本相互结合产生 1+1>2 的效应。以产业资源支持金融发展，以金融资本推动产业发展，获取协同效应。比如对于一个企业来说，在协同效应下，企业以品牌等资源优势支持金融机构发展，同时以金融资本为后盾推动企业发展，促进企业获取更大竞争优势。企业和金融机构在资本、人力资源、科技创新、客户资源等方面进行互通共享，可使资本、人力资源、科技创新、客户资源等生产要素发挥更大作用，形成资源整合优势，提升企业和金融机构的整体价值。企业和金融机构可以利用与客户已经建立起来的良好关系，为同一客户提供优质的综合性服务，力求实现客户价值最大化，因此，可以节省开发新客户的费用，创造产业资本和金融资本协同发展。

3.3　搭建金融平台，推动企业并购整合

成立并购基金等金融平台，推动企业并购，实现规模经济。资金是企业的血液，企业的发展必须有足够的资金支持。从实践来看，企业参控股银行等金融机构的主要目的之一就是从银行等金融机构获得更大的资金支持，解决企业发展所需要的资金问题。从国外发达国家产融结合的历程来看，一些产业界的龙头企业往往会参控股一家实力雄厚的商业银行。被企业参控股的商业银行为企业提供融资等金融服务，如美国洛克菲勒财团拥

有大通曼哈顿银行，日本住友集团拥有住友银行等。通过参控股财务公司发行企业等债券参与银行间债券市场融资，通过参控股信托投资公司开展信托计划业务进行信托融资，通过参控股并购基金为企业进行产业整合进行融资，拓宽了企业的融资渠道。通过资本运营，实现企业定增、发行债券、资产注入、市值管理等联动，为企业实现产业整合和上下游一体化战略提供支持。

3.4 稳定和提高利润

受行业发展周期、宏观政策变化、不确定性因素冲击等的影响，企业经营状况可能发生剧烈波动，而企业产融结合可以稳定和提高企业利润。在我国，金融机构，特别是银行、保险等金融牌照管理很严格，企业进入的门槛高，这就导致我国金融机构牌照比较稀缺。因此，在我国，银行、保险等金融行业处于相对垄断的状况，金融行业利润率比社会平均利润率要高很多（2018年A股上市银行ROE详见表3.1和3.2）。据统计，2018年全球前五大最赚钱公司，中国公司占四个，而且全部都是银行。2018年中国3600多家A股上市公司净利润33897亿元，而33家上市银行净利润14813亿元，占A股上市公司净利润44%，占A股非银行上市公司净利润78%。企业受行业周期、国家财政金融政策、全球政治经济等影响很大，企业经营业绩可能会发生剧烈波动。参控股银行等金融机构可以作为企业新的利润增长点，使企业经营业绩保持相对稳定，达到稳定和提高企业利润的目的。

表 3.1 2018 年 A 股上市银行 ROE

排名	代码	证券简称	ROE（%）			
			2018 年报	2017 年报	2016 年报	2015 年报
1	601997. SH	贵阳银行	17. 79	22. 16	24. 24	31. 88
2	601577. SH	长沙银行	17. 23	18. 69	17. 65	18. 30
3	601838. SH	成都银行	16. 56	16. 68	—	—
4	002142. SZ	宁波银行	16. 22	17. 39	16. 39	16. 55
5	600036. SH	招商银行	15. 79	15. 90	16. 27	17. 09
6	601009. SH	南京银行	15. 26	14. 96	14. 50	16. 57
7	601128. SH	常熟银行	14. 45	13. 58	11. 92	13. 15
8	601166. SH	兴业银行	13. 73	14. 91	16. 23	17. 57
9	601939. SH	建设银行	13. 56	14. 44	15. 38	17. 05
10	601398. SH	工商银行	13. 36	13. 96	14. 80	16. 69
11	600928. SH	西安银行	13. 27	12. 37	13. 31	16. 61
12	002958. SZ	青农商行	13. 12	13. 37	13. 23	14. 58
13	601288. SH	农业银行	13. 10	14. 06	14. 55	16. 12
14	600016. SH	民生银行	12. 60	13. 81	14. 86	17. 04
15	600000. SH	浦发银行	12. 47	13. 68	15. 55	17. 59
16	600926. SH	杭州银行	12. 17	11. 19	11. 30	12. 97
17	601988. SH	中国银行	11. 58	11. 86	12. 12	13. 97
18	600919. SH	江苏银行	11. 52	12. 55	14. 43	15. 71
19	601229. SH	上海银行	11. 43	11. 68	13. 78	15. 73
20	601860. SH	紫金银行	11. 27	11. 81	13. 47	14. 72
21	601169. SH	北京银行	10. 89	11. 82	13. 76	15. 85
22	600015. SH	华夏银行	10. 83	12. 38	14. 58	17. 23
23	601328. SH	交通银行	10. 75	10. 80	11. 55	13. 23
24	601818. SH	光大银行	10. 75	11. 36	12. 80	14. 67
25	000001. SZ	平安银行	10. 74	10. 93	12. 43	14. 95

排名	代码	证券简称	ROE（%）			
			2018 年报	2017 年报	2016 年报	2015 年报
26	601998.SH	中信银行	10.65	10.93	11.95	14.26
27	002966.SZ	苏州银行	10.63	10.61	10.49	10.43
28	600908.SH	无锡银行	10.51	10.99	10.94	11.82
29	603323.SH	苏农银行	9.21	9.25	9.32	9.84
30	002936.SZ	郑州银行	8.88	16.00	20.46	22.99
31	002839.SZ	张家港银行	8.80	9.55	9.78	10.31
32	002948.SZ	青岛银行	7.69	8.78	12.20	13.74
33	002807.SZ	江阴银行	7.15	7.91	9.47	12.08

表 3.2 ROE 值位

值位	ROE（%）			
	2018 年报	2017 年报	2016 年报	2015 年报
最高值	17.79	22.16	24.24	31.88
最低值	7.15	7.91	9.32	9.84
中位值	11.58	12.38	13.62	15.72
平均值	12.24	13.04	13.87	15.67

3.5 拓宽融资渠道，提高资金使用效率

通过企业产融结合，争取从金融机构获得更多的融资支持，拓宽企业融资渠道。通过成立财务公司发行债券和参与银行间市场融资，通过成立信托投资公司开展信托业务融资，通过成立产业发展基金吸引战略投资者融资，这些方式可以获取成本相对较低、风险可控的资金，成为传统融资

渠道的有效补充。

　　通过企业产融结合，提高企业资金使用效率。大型企业组织架构复杂，子分公司数量多，管理层级多、链条长，在各级子公司分别开设银行账户进行存贷款的情况下，企业资金分散、风险不易掌控、资源配置效率低。为提高整体运作水平，增强企业对子分公司的管控能力，企业需要一个金融平台，对资金和债务进行集中管理，从而实现统一的资源配置和集中的风险管控。企业申请设立财务公司，既可以提升企业规模实力，同时可以在拓展市场、细分产品、信息传递、资产管理及建立网络等方面更有优势和效率，从而促进企业发展。

　　企业通过参控股金融机构和设立金融性质的子公司来实现产融结合，能够提升企业的整体统筹能力，发挥企业的金融作用，提高企业资金使用效率。首先，企业通过产融结合可以补足企业本身就存在的融资能力短板。企业在产融结合前主要通过和银行等金融机构之间的融资协议获得融资。在产融结合之后，融资的途径和方式变得更加多样化，例如可以利用旗下的财务公司吸收存款、发放贷款的形式，或者利用作为控股金融机构的子公司等形式使得融资方式多样化，提高资金的使用效率。其次，金融机构相较于企业而言，属于融资等相关金融服务领域的专业机构，可以为企业在资本运营方面提供专业的咨询意见，同时依托金融机构平台，可以对外开展投资、融资等相关的资本运营，补足企业金融功能的不足。

第四章

企业产融结合的主要模式和载体

4.1 企业产融结合的主要模式

4.1.1 美国企业产融结合模式

美国企业产融结合模式是市场主导型的产融结合模式。市场主导型的产融结合模式是指资本市场在产业和金融资本融通的过程中起着基础性配置作用。在市场主导型的产融结合模式下，产业资本与金融资本的结合是以发达的金融市场和资产高度证券化为基础，企业、银行、证券公司、保险公司等市场参与者自行决定产业资本和金融资本流动的规模和方式。同时这种产融结合模式需要健全的价格发现与竞争机制以及完善的各种法律制度。企业、银行、证券公司、保险公司等市场参与者在金融市场中形成相互竞争的关系，没有任何一方市场参与者处于主导地位。企业、银行、证券公司、保险公司等市场参与者的资本需求通过多种渠道来实现。

市场主导型产融结合模式的主要特点有：（1）以发达的金融市场为基

础，商业银行和企业之间没有很强的产权约束关系，大多数企业的股权结构比较分散。（2）企业、银行、证券公司、保险公司等市场参与者在金融市场中都是平等的市场主体，资本等资源配置效率比较高，资本定价和配置由金融市场决定。（3）政府对经济的干预较少，一般不直接干预企业的经营管理，政府对产业投资金融的干预主要通过立法实现。（4）商业银行在产融结合中并不起主导作用。（5）企业融资选择具有很大的自主权，企业融资渠道多样化，这有利于优化企业的资本结构。（6）产融结合具有较高的透明度和约束力，一般情况下企业股东权益能够较好地得到保障，金融资本的使用效率高，这有利于企业规避和分散各种风险。

4.1.2　德国企业产融结合模式

德国企业产融结合模式是银行主导型的产融结合模式。银行主导型的产融结合模式是以商业银行为中心的间接融资体系，商业银行在产融结合过程中发挥着主导性的作用。德国的市场经济模式和美国的自由市场经济模式、日本的政府主导型的市场经济都有所不同，是一种社会市场经济模式。在德国的社会市场经济模式下，个人自由和社会义务相结合，市场最大限度地发挥资源配置的功能，政府维护正常的市场秩序和市场竞争性环境。银行主导型的产融结合模式下，商业银行和企业的产权关系较强，商业银行通过企业股权、债权、人力资源等方式与企业相结合，并对企业的经营管理决策产生重要影响。

银行主导型的产融结合模式的主要特点有：（1）银行主导型的产融结合模式有助于各级政府实施国家的经济等政策，便于各级政府实施经济等宏观调控。（2）商业银行资本与产业资本结合非常紧密。商业银行可以持有产业界企业的股权，甚至可以通过人事等方式控制企业，同时，一些产业界的企业的股东可以把其持有企业股权寄存在商业银行，将企业的表决权委托商业银行行使。（3）产业界企业融资以商业银行间接融资为主，商业银行与产业界企业关系密切。（4）商业银行可以影响甚至控制产业界企业的经营决策，在企业公司治理中可以起到监督作用。

4.1.3　启示

市场主导型的产融结合模式以发达的金融市场和资产高度证券化为基础，如美国和英国等发达国家。这些发达国家的股票市场、债券市场等金融市场已经高度发达，基础金融产品和金融衍生工具等金融产品非常丰富，政府对金融市场的干预以法律和法规为主，并不能随便直接干预金融市场，大部分的企业选择在资本市场上融资，直接融资占企业融资的比重很高。银行主导型的产融结合模式下商业银行可以直接持有产业界企业的股权，商业银行在产融结合中占主导地位，可以控制产业界企业的经营管理决策。而目前我国的情况却与美国、德国等发达国家有所不同。我国金融市场虽然在这些年取得很大的发展，但是毕竟发展的时间较发达国家要短很多，金融市场还不够发达，存在如商业银行不能直接持有产业界企业股权等各方面的限制。因此，无论从产业基础还是金融市场方面都决定了我国的产融结合模式无法直接采用美国、德国等发达国家的市场主导型、银行主导型的产融结合模式。

4.2　企业产融结合的主要载体

4.2.1　商业银行

商业银行以经营工商业存、放款为主要业务，并以利润为主要经营目标的信用机构，是依照《商业银行法》和《公司法》设立的吸收公众存款、发放贷款、办理结算等业务的企业法人。

商业银行的主要业务有：（1）公司金融业务。公司金融业务是相对于个人金融业务而言的商业银行业务，是所有公司客户各项金融业务的总称。公司金融业务为商业银行业务利润的主要来源，对商业银行的整体经营至关重要。主要有存款业务、贷款业务、结算与现金管理业务、国际结算与贸易融资业务、投资银行业务、票据业务。（2）个人金融业务。商业银行个人金融业务指商业银行以自然人为服务对象，利用网点、技术、人才、信息、资金等方面的优势，运用各种理财工具，为个人客户提供财务分析、财务规划、投资顾问、资产管理等专业化服务活动。主要有私人银行业务、银行卡业务等。（3）资产管理业务。资产管理业务是根据资产管理合同约定的方式、条件、要求及限制，对客户资产进行经营运作，为客户提供证券及其他金融产品的投资管理服务的行为。主要包括理财业务、资产托管业务、养老金业务。（4）金融市场业务。金融市场业务是商业银行的新兴业务，横跨境内外多个市场，连接本外币多个币种，包含债券外汇等多种工具，承担着资产管理、资金营运以及为客户提供多元化金融服务的重要职责。主要包括货币市场交易、债券投资业务、融资业务、代客资金交易、资产证券化业务、贵金属业务。

4.2.2　证券公司

证券公司是指依照《公司法》和《证券法》的规定设立并经国务院证券监督管理机构审查批准成立的专门经营证券业务，具有独立法人地位的有限责任公司或者股份有限公司。

证券公司的主要业务有：（1）证券经纪。证券经纪业务是指证券公司通过其设立的证券营业部，接受客户委托，按照客户要求，代理客户买卖证券的业务。证券经纪业务是随着集中交易制度的实行而产生和发展起来的，包含有委托人、证券经纪商、证券交易所和证券交易对象等要素。（2）证券投资咨询。证券投资咨询业务是指取得监管部门颁发的相关资格的机构及其咨询人员为证券投资者或客户提供证券投资的相关信息、分析、预测或建议，并直接或间接收取服务费用的活动。根据服务对象的不同，证券投资咨询业务可以分为：面向公众的投资咨询业务；为签订了咨询服务合同的特定对象提供的证券投资咨询业务；为本公司投资管理部门、投资银行部门提供的投资咨询服务。（3）证券承销与保荐。证券承销是指发行人委托证券经营机构向社会公开销售证券的行为。发行人向不特定对象公开发行证券，依法应当由证券公司承销。证券承销业务采取代销或者包销方式。证券承销是证券经营机构代理证券发行人发行证券的行为。它是证券经营机构最基础的业务活动之一。（4）证券自营。证券自营业务，简单地说，就是证券经营机构以自己的名义和资金买卖证券从而获取利润的证券业务。在我国，证券自营业务专指证券公司为自己买卖证券产品的行为，证券公司以自己的名义，以自有资金或者依法筹集的资金，为本公司买卖在境内证券交易所上市交易的证券，在境内银行间市场交易的政府债券、国际开发机构人民币债券、央行票据、金融债券、短期融资券、公司债券、中期票据和企业债券，以及经证监会批准或者备案发行并在境内金融机构柜台交易的证券，以获取利润。买卖的证券产品包括在证券交易所挂牌交易的 A 股、基金、认股权证、国债、企业债券等。（5）证券资产管理。证券资产管理一般是指证券经营机构开办的资产委托管理，即委托人将自己的资产交给受托人，由受托人为委托人提供理财服务的行为。资产管理业务是证券经营机构在传统业务基础上发展起来的新型业务。国外较为成熟的证券市场中，投资者大都愿意委托专业人士管理自己的财产，以取得稳定的收益。证券经营机构通过建立附属机构来管理投资者委托的资产。（6）其他证券业务。

4.2.3　保险公司

保险公司是依照我国《保险法》和《公司法》设立的经营商业保险业务的金融机构，是专门从事经营商业保险业务的企业。

保险公司的主要业务有：（1）人身保险业务。人身保险是以人的生命或身体为保险标的，在被保险人的生命或身体发生保险事故或保险期满时，依照保险合同的规定，由保险人向被保险人或受益人给付保险金的保险形式。人身保险包括人寿保险、伤害保险、健康保险三种。（2）财产保险业务。财产保险是指投保人根据合同约定，向保险人交付保险费，保险人按保险合同的约定对所承保的财产及其有关利益因自然灾害或意外事故造成的损失承担赔偿责任的保险。财产保险包括财产保险、农业保险、责任保险、保证保险、信用保险等以财产或利益为保险标的的各种保险。

4.2.4　信托公司

信托公司是指依照《公司法》和根据《信托公司管理办法》规定设立的主要经营信托业务的金融机构。信托公司以信任委托为基础，以货币资金和实物财产的经营管理为形式，融资和融物相结合的多边信用行为。信托的种类很多，主要包括个人信托、法人信托、任意信托、特约信托、公益信托、私益信托、自益信托、他益信托、资金信托、动产信托、不动产信托、营业信托、非营业信托、民事信托和商事信托等。

委托人基于对受托人的信任，将其合法拥有的资金委托给受托人，由受托人按委托人的意愿，以自己的名义，为受益人的利益或者特定目的进行管理、运用和处分并获取信托收益的行为。信托公司的主要业务有：（1）信托贷款业务。信托贷款业务是信托公司的传统业务，为经营状况良好的企业，或者具有良好发展前景的项目提供资金融资服务。（2）股权投资信托。股权投资信托是指受托人按委托人意愿，为受益人的利益，将其委托的资金用于股权投资的信托业务。（3）权益投资信托。权益投资信托是指受托人按委托人意愿，为受益人的利益，将其委托的资金用于投资各种财产权益，包括但不限于股票收益权、股权收益权、信托受益权、应收债款等。（4）证券投资信托。受托人按委托人意愿，为受益人的利益，将其委托的资金用于证券投资的信托业务。

4.2.5　股权投资基金

股权投资基金（Private Equity，简称"PE"）在中国通常称为私募股权投资，从投资方式角度看，依国外相关研究机构定义，是指通过私募形式对私有企业，即非上市企业进行的权益性投资，在交易实施过程中附带考虑了将来的退出机制，即通过上市、并购或管理层回购等方式，出售持股获利。有少部分 PE 投资已上市公司的股权。广义的股权投资为涵盖企业首次公开发行前各阶段的权益投资，即对处于种子期、初创期、发展期、扩展期、成熟期和 Pre-IPO 各个时期企业所进行的投资，相关资本按照投资阶段可划分为创业投资（venture capital）、发展资本（development capital）、并购基金（buyout/buyin fund）、夹层资本（mezzanine capital）、重振资本（turnaround），Pre-IPO 资本（如 bridge finance），以及其他如上市后私募投资（private investment in public equity，即 PIPE）、不良债权（distressed debt）和不动产投资（real estate）等。

4.2.6　财务公司

财务公司是指以加强企业集团资金集中管理和提高企业集团资金使用效率为目的，为企业集团成员单位提供财务管理服务的非银行金融机构。

国际上财务公司最早于1878年在美国出现，而我国的第一家财务公司——东风汽车工业财务公司于1987年5月由中国人民银行批准设立。

财务公司的主要业务有：（1）经中国人民银行批准设立的财务公司可办理企业集团内部各成员单位的下列人民币金融业务，如存款、贷款、投资、结算、担保、代理及贴现业务。（2）经中国人民银行批准，可兼营集团内信托、融资租赁业务。（3）接受主管部门委托对集团公司或集团成员单位办理信托贷款、投资业务。（4）财务公司发生临时性资金困难时可按有关规定进行同业拆借，但拆入资金不得用于发放固定资产贷款、扩大信贷规模。（5）中国人民银行批准的其他业务。产融结合的主要载体运作模式等详见表4.1。

表4.1 产融结合的主要载体

载体	运作模式	金融牌照	审批部门	获取难度
银行	揽储、放贷、理财产品代理、保险代理、承销代理	商业银行	银保监会	很难
证券	为客户提供股票交易服务，为企业提供IPO服务，承销证券等	证券（投行）	证监会	难
保险	为客户/机构提供财险、寿险服务，包括意外险和理财险等，保金可用于投资	保险（寿险、财险）	银保监会	难
期货	为客户提供期货经纪服务	期货	证监会	较难
信托	以受托人身份代为管理和经营受托事物	信托投资	银保监会	难
基金	发行基金单位，集中投资者的资金，由基金管理人管理和运用资金，从事股票、债券金融工具投资，然后共担投资风险、共享收益	证券投资基金	证监会	较易
		PE	直接工商登记	
金融租赁	购买设备出租给使用者，收取租金，到期物权转让	金融租赁	银保监会	较难

第五章

企业产融结合、高管薪酬与 R&D 投入关系的实证研究

5.1 引言

当前我国经济发展进入新常态，融资约束使得实体企业自主发展能力不强，局限于生产力扩张的传统发展模式，发展动力稍显不足。从我国实践来看，产业资本与金融资本的结合打破了这一桎梏，已经取得了突出成绩。一方面通过金融体系筛选真正有价值的技术和产品，引导金融资源进入竞争优势产业，另一方面通过信息技术，提供信息、交易、仓储、物流等综合服务，实现信息流、资金流和物流的协调统一，提升运行效率。实现产融结合的途径有三种：一是由产业到资本，产业经营一定程度上天然具有投资和扩张的热情，这时候常常会采用资本的手段来参控股金融企业；二是由资本到产业，金融机构通过股权投资成为企业股东，从而推动实体企业发展；三是产业资本协同发展。

2008 年全球金融危机爆发，在对我国经济造成巨大冲击的同时，也推动了我国企业产融结合实践。传统产融结合的核心源自企业的主导产

业，即产业基础决定相应的产融结合战略。如今，依靠5G、云计算等新一代信息技术，产融结合呈现出创新驱动的新趋势。企业利用科技进行产业升级与业务创新，现代金融体系与实体经济链接更加紧密，产业形态良性互动发展。《中国制造2025》把创新摆在制造业发展全局的核心位置，提出要完善有利于创新的制度环境，推动跨领域跨行业协同创新，走创新驱动的发展道路，并将完善金融扶持政策，鼓励产融结合作为战略支撑和保障。2021年11月5日，工信部、人民银行、银保监会、证监会四部门联合发布《关于加强产融合作推动工业绿色发展的指导意见》进一步强调产融结合要与创新协同发展，推动科技创新、管理创新和商业模式创新，在依法合规、风险可控的前提下加强金融创新，支持重点绿色新技术新场景培育应用。那么产融结合对企业科技创新投入到底会产生什么样的影响呢？

产融结合对企业科技创新投入的影响主要有以下观点。一是产融结合能摆脱融资约束，释放积极信号，提升信誉度、美誉度，降低信息不对称，利于企业经由股权展开外部融资活动并支持自身创新。相比较而言，产融结合对于企业创新的正向影响得到了更多验证。如徐辉和周孝华（2020）认为产融结合有利于推动企业实质性创新，并且政府干预越多，这一作用越明显。法治水平的提高可以强化其对企业创新能力的积极影响。徐海峰和邓金丽（2020）认为产融结合促进企业的研发投入，这一促进作用在国有企业和高新技术企业中尤其显著，大规模企业和低融资约束企业在产融结合后更有动力提高研发投入。二是产融结合会抑制企业的实体投资，致使其偏离主营业务，使经营者倾向于牺牲长期研发收益而追求短期股票回报，进而抑制企业创新。如熊郎羽等（2021）认为产融结合显著降低了民营企业的技术创新投入，简单地增加与金融机构股权关联难以解决民营企业创新激励问题。肖步云（2020）认为金融机构的高额回报率会使资产的价格超出原有企业价值，商贸流通企业由于更多关注短期利益回报率而变得更加短视。这对于企业长远发展较为不利，减少企业长期研发创新资金投入。三是不同模式和类型下的产融结合对企业创新的影响是不一样的。杨筝等（2019）探讨了不同模式的产融结合对企业科技创新投入的作用。实证结果显示，"金融+实体"的产融结合模式显著促进实体企业技术创新，且在强融资约束、强监督作用下，这一促进作用更显著。而"实体企业持股金融机构"的产融结合模式对技术创新具有抑制作用。谭小芳和张伶俐（2018）基于内设型、合作型两种产融结合类型分析二者对研发投资与创新产出关系的调节作用。结果显示，相比于合作型产融结合，内设型产融结合更能提高企业研发投资水平，并且内设型产融结合多元化显著强化产融结合对研发投资的支持程度。杨竹清（2018）认为持股金融企业股权对企业研发投入有一定"挤出效应"，但当绝对控股金融企业时，可以强化产融结合对研发创新的积极作用。

高层管理者的意志往往会影响企业的创新活动决策。有效的高管激励机制能够促进企业研发投入，保障公司日常运营。职业经理人的薪酬与公司的经营业绩挂钩，因而对于具有风险不确定性的创新研发项目，职业经理人与股东的出发点往往相背离。股东会通过实施高管激励机制，来提高高层管理者的风险承担能力和意愿，增加企业核心竞争力。许多学者围绕高管激励机制对创新投入影响展开研究，但视角和结论并不一致。就外部薪酬差距而言，有以下两种观点。一是基于锦标赛理论，当企业的薪酬水平明显高于市场其他企业时，能起到较好的激励作用，激发创新热情。黄辉（2012）认为对正向外部不公平企业，外部不公平程度显著降低内部薪酬差距的正向激励效果。对正向外部不公平企业，外部不公平程度与内部薪酬差距的激励效果存在替代关系。栾甫贵和纪亚方（2020）认为，当企业高管薪酬高于行业高管薪酬均值时，外部薪酬差距具有正向激励作用，对提高企业科技创新投入和创新质量大有裨益，对民营企业而言更为如此，且强公司治理水平会促进这一效应。翟淑萍等（2017）认为高管外部薪酬差距能够促进企业增加创新投资，并且市场竞争程度的提高能够加强这一促进作用，对成长期企业尤其明显。但也有学者研究得出相反的结论。黎文婧等（2014）认为对于国有企业而言，外部薪酬差距无法给高管带来正向激励，并且其对非国有企业高管的激励效应，也仅存在于高管薪酬高于行业平均薪酬的样本中。彭镇等（2020）认为，根据人力资本理论，外部薪酬差距可能使得员工的不公平感更加强烈，所以其激励效果并不显著，但是对企业创新效率有显著正向影响，尤其在就业流动性限制小的地区，如经济发达地区、民营企业，这一正向影响更显著。卫旭华（2016）认为，企业薪酬水平差距越高，员工离职率越高，企业的创新水平越低。那么，在产融结合与创新投入的关系中，高管外部薪酬差距是否具有显著的调节效应？

因此，本书拟就此展开研究，将通过2007—2020年投资非上市金融企业的上市公司数据，从新的视角阐释我国产融结合现象，深入分析和描述产融结合对企业科技创新投入的作用，以及高管外部薪酬差距的调节效应。相应的研究结论将为企业产融结合、高管外部薪酬差距和企业科技创新投入等带来启发，有利于信息使用者深度理解企业产融结合行为，并为国家宏观层面政策制定提供建议。

5.2　理论分析与研究假设

资源的稀缺性是经济学理论的逻辑起点。资源的稀缺性和竞争性，使得如何实现最优资源配置成为管理的一大难题。如要实现协同效应，则依赖于"天时地利",即时间和资源的相互整合配置。尤其是对于创新活动而言,更是如此。企业进行创新决策,需要从多方面进行考量。首先,创新意味着不确定性,高投资、回报慢,其中的风险企业无法规避和转移;其次创新活动会占用企业的资源,企业实施创新能否成功受限于企业资源禀赋。当实体企业实施产融结合战略,资金、资源必然投入到金融企业,会产生资金与资源的挪用。为规避风险、平衡资金利用,企业会相应地减少企业研发创新投入。在政府部门推进产融结合快速发展的背景下,政府"有形的手"推动,稀释产融结合可能并不是有些企业本身的选择,该情况下的产融结合可能同样会扭曲企业资源配置,不利于企业创新活动的开展。

产融结合会增加企业财务风险、代理风险等问题。由于多方利益主体的加入,产融结合使得企业多层级的组织结构和产权问题复杂化,加剧企业内部的代理问题。利益主体之间的贷款、担保等内部融资的行为,会增加企业内部关联贷款和交易,给企业监管带来挑战,出现运作效率降低、控制力减弱的问题。在这种情况下,各方利益主体目标不一致会导致企业创新决策冲突,影响企业的创新行为。创新作为响应市场竞争的关键之一,回报慢、风险高。许多企业产融结合的目的是方便贷款和信贷优惠,对于企业创新这一长期行为本身并无多大关注甚至持相反意见。因此,产融结合不利于企业科技创新投入。综上所述,提出 H1。

H1:产融结合会抑制企业科技创新投入。

根据企业创新理论,企业存在的目的是对生产性资源进行创新性配置,而企业高管的职能就是执行这种创新性配置,高管薪酬能够有效地激励高管行使这种职能。管理者薪酬水平低于行业薪酬均值会给管理者带来不公平感,抑制高管的积极性、主动性和创造性,产生管理过程中的消极行为。企业创新活动消耗资金大,风险高,周期长,要求管理者具备一定的风险承担能力。根据逆向选择和道德风险，如果管理者不愿从事高风险的创新活动，则会减少企业创新活动的投入。因此，拥有创新意识的高管在经理人市场中十分稀缺，薪酬低于行业均值会挤出这些具有创新意识的人员，进而导致企业创新成果的减少。

在强调短期回报率的投资观念下，非金融企业管理者行为逐渐短期化和金融化，企业治理模式由注重长期增长转向强调短期资本增值，当高管外部薪酬差距增大时，越发表明资金和资源的挪用。因此认为高管外部薪酬差距越大，产融结合对企业科技创新投入的抑制作用也越大。基于此，本书提出假设 H2。

H2：高管外部薪酬差距在产融结合与企业科技创新投入之间发挥调节作用，即高管外部薪酬差距越大，产融结合对企业科技创新投入的抑制作用越大。

5.3　研究设计

5.3.1　研究样本和数据来源

鉴于证监会要求上市公司自 2007 年 9 月起披露其持有的商业银行、证券公司、保险公司、信托公司和期货公司等非上市金融企业股权等情况，因此本书以 2007—2020 年我国沪深两市 A 股上市公司为研究样本，考察产融结合的经济后果。数据来源于国泰安数据库和 WIND 数据库，对行业划分采用证监会公布的 2012 年行业分类标准。结合 Excel 及 STATA 15，根据研究目的，对初始数据进行了如下处理：（1）由于 ST、*ST 类公司数据缺乏可靠性和相关性，剔除了 ST、*ST 类上市公司样本；

（2）剔除掉存在缺失值和异常值的公司样本；（3）剔除金融类上市公司样本、年度行业内公司数小于或等于 10 的行业；（4）对所有连续变量在 1% 和 99% 分位点进行了缩尾。最终得到 3296 个观测值。

5.3.2　变量定义和测量

（1）被解释变量

企业科技创新投入（RD）。现有文献大多从投入与产出两个角度对企业科技创新投入进行衡量。衡量投入的指标如研发支出和研发投入强度等，产出类指标如企业专利申请数授权数等。本书主要采用研发投资强度指标，参考宋敏等（2021）的研究，用企业研发支出/营业收入来衡量企业研发投入。

（2）解释变量

产融结合（Integrate）。有学者以是否持有非金融上市股份作为考量标准。也有学者以持有一定的比例标准作为衡量企业实施产融结合的依据，如万良勇等（2015）以 2%、5% 作为上市公司参控股金融机构的标准，蔺元（2010）以持有的最高比例作为上市公司产融结合的依据。借鉴以往研究，本书以 2% 作为上市公司参控股金融机构的检验测量标准。

（3）调节变量

高管外部薪酬差距（GC）。本书借鉴张志宏等（2018）、栾甫贵等（2020）的研究方法，将高管前三名薪酬均值作为企业高管薪酬均值，并在同一年份、同一行业组别中分别计算出行业高管薪酬均值。用企业高管薪酬均值/行业高管薪酬均值代替。

（4）控制变量

为避免相关因素缺失导致分析结果偏误，基于以往研究，本书选取公司属性、净利润现金含量、企业规模、资产净利率、收入增长率、资产负债率、企业年龄作为控制变量，分别用 State、Ocf、Size、Roa、Growth、Lev、Age 表示，并控制年份和行业因素。

具体变量定义见表 5.1。

表 5.1 变量定义

变量名称		变量解释	定义
被解释变量	RD	企业科技创新投入	研发支出/营业收入
解释变量	Integrate	产融结合	虚拟变量，若参股非金融上市公司股权在 2%以上，则表明该企业具有产融结合行为，此时该变量为 1，否则为 0
调节变量	GC	高管外部薪酬差距	企业前 3 高管薪酬均值/行业高管均值
控制变量	State	公司属性	虚拟变量，国有企业为 1，民营企业为 0
	Ocf	净利润现金含量	经营活动产生的现金流量净额/净利润
	Size	企业规模	公司总资产取自然对数
	Roa	资产净利率	净利润/期末总资产
	Growth	收入增长率	（本期营业收入—上期营业收入）/上期营业收入
	Lev	资产负债率	企业年末资产负债率
	Age	企业年龄	公司自成立以来的年数
	Year	年度哑变量	
	Indus	行业哑变量	

5.3.3　模型设定

本章构建以下回归模型对产融结合的经济后果进行研究：

$$RD_{i,t} = \alpha_1 + \beta_1 Integrate_{i,t} + \beta_2 GC_{i,t} + \beta_3 GC_{i,t} * Integrate_{i,t} +$$

$$\beta_4 \sum Control_{i,t} + \gamma_1 \sum Indus_{i,t} + \gamma_2 \sum Year_{i,t} + \varepsilon_1$$

注：为避免多重共线性，对交乘项目予以中心化处理。

针对引入调节变量的模型，其调节效应分以下情况讨论：（1）当自变量大于 0 时，自变量对因变量有积极的正向影响。若二者交互项的系数大于 0，则调节变量会加强自变量对因变量的积极正向影响；反之则削弱自变量对因变量的积极正向影响；（2）当自变量小于 0 时，自变量对因变量有消极的负向影响。若二者交互项的系数大于 0，则调节变量会削弱自变量对因变量的消极的负向影响；反之则加强自变量对因变量的消极的负向影响。

5.4　实证结果与分析

5.4.1　描述性统计

具体变量的描述性统计如表 5.2。基于研发投入比例计算的创新投入（RD）均值为 2.4529，标准差为 2.7985，说明不同企业之间创新投入差别较大。高管外部薪酬差距（GC）均值为 0.3333，最大值与最小值相差 2.8951，标准差为 0.3064，说明总体上我国上市公司高管薪酬存在一定差异。产融结合（Integrate）均值为 0.1538，表明样本区间内约有 15.38% 的样本参与了产融结合，标准差为 0.3608，说明企业参控股金融机构现象具有一定的差异性。

表 5.2 变量的描述性统计

	N	mean	sd	min	max	P25	P50
RD	3296	2.4529	2.7985	0.0031	15.99	0.3600	1.5618
GC	3296	0.3333	0.3064	0.0167	2.9118	0.1593	0.2471
Integrate	3296	0.1538	0.3608	0	1	0	0
Ocf	3296	12.8107	0.0969	−2.4059	4.9429	3.6318	4.2941
Size	3296	22.5383	1.3671	19.3954	25.984731	21.6448	22.4643
Roa	3296	3.0350	7.1709	−29.9351	22.8139	0.8125	2.7559
Growth	3296	11.3450	34.9989	−61.1742	214.3416	−5.5689	7.4514
Lev	3296	51.4724	20.4906	8.276	111.1035	36.653	52.1416
State	3296	0.6308	0.4827	0	1	0	1
Age	3296	27.1192	4.43	22	41	24	27

表 5.3 为皮尔森相关系数表。由表格可知，产融结合与企业科技创新投入相关系数为−0.131，高管外部差距与企业科技创新投入相关系数为 0.076。

表 5.3 皮尔森相关系数检验

	RD	GC	Integrate	state	Ocf	Size	Roa	Growth	Lev	Age
RD	1									
GC	0.076***	1								
Integrate	-0.131***	0.032*	1							
state	-0.045***	-0.0150	0.0240	1						
Ocf	-0.032*	0.400***	0.00700	0.098***	1					
Size	-0.108***	0.214***	0.050***	-0.0240	0.106***	1				
Roa	-0.072***	0.052	-0.00500	-0.050***	0.0200	0.264***	1			
Growth	-0.123***	0.0260	0.0250	0.071***	0.248***	-0.360***	-0.034*	1		
Lev	-0.051***	-0.092***	0.047***	0.080***	0.167***	0.00100	-0.044**	0.048***	1	
Age	0.063***	0.170***	-0.00900	-0.0240	-0.053***	-0.0130	0.031*	-0.00300	-0.045***	1

5.4.2 假设回归结果分析

表 5.4 式（1）至（3）验证产融结合对创新投入的影响。式（1）仅考虑核心解释变量情况，式（2）在核心变量的基础上加入控制变量，式（3）则在式（2）的基础上加入年份和行业固定效应。式（1）至（3）产融结合（Integrate）与企业科技创新投入（RD）的回归系数分别为-1.0181、-0.8971、-0.2332，均达到显著性水平，表明上市公司的产融结合行为抑制了企业科技创新投入。究其原因，产融结合行为分散了企业资源，在产融结合过程存在某种挤出效应，使得企业研发投入降低，假设 H1 得到验证。

式（4）和式（5）验证高管外部薪酬差距（GC）、产融结合（Integrate）对企业科技创新投入（RD）的影响。其中式（4）验证高管外部薪酬差距（GC）对企业科技创新投入（RD）的影响，式（5）验证高管外部薪酬差距（GC）的调节效应。由式（4）可知，高管外部薪酬差距（GC）β 值为 1.2491，且在 1%的水平上显著，说明高管外部薪酬差距正向影响企业科技创新投入，即当高管外部薪酬越大于行业平均薪酬时，企业科技创新投入越大。由式（5）可知，GC * Integrate 的 β 值为-0.8386（p 值小于 0.05 达到显著性水平），产融结合（Integrate）β 值为-0.175，企业高管外部薪酬差距（GC）β 值为 1.3021，由以上可知，高管外部薪酬差距在产融结合和企业科技创新投入之间起调节作用，即加强产融结合对企业科技创新投入的负向影响，H2 得到验证。

表 5.4 产融结合、高管外部薪酬差距与创新投入

	式（1）	式（2）	式（3）	式（4）	式（5）
Integrate	-1.0181***	-0.8971***	-0.2332*		-0.175*
	(-7.6000)	(-6.8291)	(-1.6726)		(-1.2667)

续表

	式（1）	式（2）	式（3）	式（4）	式（5）
GC				1.2491***	1.3021***
				(7.4721)	(7.6980)
GC * Integrate					-0.8386**
					(-2.4024)
State	-0.2326**	0.0513	0.1856*	0.1875*	
	(-2.3331)	(0.5410)	(1.9370)	(1.9580)	
Ocf	-0.0001**	-0.0001**	-0.0001**	-0.0001**	
	(-2.0327)	(-2.3517)	(-2.0893)	(-2.0779)	
Size	0.0942**	-0.0281	-0.1815***	-0.1795***	
	(2.5412)	(-0.7289)	(-4.2819)	(-4.1773)	
Roa		-0.0636***	-0.0375***	-0.0456***	-0.0459***
		(-8.4478)	(-5.2404)	(-6.3387)	(-6.3955)
Growth		-0.0034**	-0.0027**	-0.0024*	-0.0024*
		(-2.3856)	(-2.0071)	(-1.7676)	(-1.8185)
Lev		-0.0255***	-0.0113***	-0.0105***	-0.0106***
		(-9.7725)	(-4.4097)	(-4.1092)	(-4.1561)
Age		0.0382***	0.0387***	0.0213**	0.0214**
		(3.5759)	(3.8596)	(2.0882)	(2.0960)
Cons	2.6095***	1.147	1.355	4.4053***	4.4256***
	(49.6667)	(1.3348)	(1.4440)	(4.3620)	(4.3706)
Year	-	-	已控制	已控制	已控制
Indus	-	-	已控制	已控制	已控制
R^2	0.0172	0.0645	0.207	0.220	0.222
F	57.76	28.34	25.12	27.08	25.84

注:***表示0.01水平上显著,**表示0.05水平上显著,*表示0.1水平上显著。下同。

5.5　稳健性检验

为检验实证研究结果是否具有稳健性，本书采用以下方法进行稳健性检验。

5.5.1　异质性分析

为了验证主效应结果的稳定性，本书将样本数据分别按产权属性和行业成长性进行划分，并分别进行模型检验。

依据产权属性将样本划分为国有企业样本与民营企业样本。国有企业以自身为基础建立的财务公司为产融结合提供了巨大的便利。金融投资控股平台为国有企业贡献了大部分的利润来源，越来越受到企业的青睐和重视。但是，金融业务并不是国有企业的主营业务，过分关注短期收益，会忽视企业的长远利益，挤占研发资金，导致企业创新动力不足。相较于民营企业，国有企业经营管理者和经营任务更具特殊性，故委托代理问题更加突出。当企业经理人出于套利动机而持有非金融机构股权时，国有企业对创新投入的抑制作用更为明显。相应地，民营企业治理结构较为完善，所有权定位清晰，企业内部治理更容易有效发挥作用，容易约束管理者的短期套利行为，因此，产融结合对民营企业的创新抑制作用没有国有企业显著。

依据成长性将样本企业划分为高成长性企业与低成长性企业。Growth按行业年度中位数进行划分，大于中位数为高成长性企业，否则为低成长性企业。相比于低成长性企业，高成长性企业的发展潜力大，成长速度快，能够依托其独有的商业模式和核心能力，汇聚资金、信息、人才、市场等资源。企业成长不仅需要注重短期的绩效，也要注重培养长期竞争优势。产融结合带来复杂的产权关系、代理成本、主体利益不一致等风险，使得企业的代理冲突加剧，企业治理难度加大，创新决策冲突，不利于企业创新决策行为。因此，对高成长性企业而言，产融结合对创新的抑制作用更大。

表 5.5 异质性分析

	式(1)民营	式(2)国有	式(3)低成长性	式(4)高成长性
Integrate	−0.147	−0.2653*	−0.198	−0.3213*
	(−0.5315)	(−1.7186)	(−0.8938)	(−1.8371)
控制变量	控制	控制	控制	控制
Cons	−3.4587**	4.7567***	1.341	0.324
	(−2.0648)	(4.1475)	(0.8939)	(0.2643)
Year	已控制	已控制	已控制	已控制
Indus	已控制	已控制	已控制	已控制
R^2	0.196	0.263	0.193	0.256
F	9.002	22.13	11.72	16.80
N	1217	2079	1647	1649

5.5.2 内生性检验

由于变量测度误差、遗漏变量等问题存在，企业产融结合与企业研发投入的关系可能会引起内生性问题，为进一步控制内生性影响，本书利用倾向得分匹配（PSM）中的卡尺匹配方法以控制其他因素的影响，检验产融结合对企业研发投入的影响。产融结合的实施效果可以由匹配后的组间差距（ATT）来表示。

首先验证共同支撑假设和平衡性假定以保证匹配质量及实证结果可靠性。本书共同支撑域条件较好，大多数观察值在共同取值范围内，进行倾向得分匹配损失样本量较少。匹配后处理组与对照组样本之间的标准化偏差有不同程度的减少，说明变量在匹配前处理组和对照组都有显著的差异，但是匹配后两组量的差异在统计上都是高度不显著。由表 5.6 中 B 值和 R 值可知，经过倾向得分配比后，匹配前和匹配后样本的个体差异基本得以消除，从而平衡性检验获得通过。进一步比较 ATT 可知，产融结合对企业研发投入产生的影响为 −0.967，当样本高管薪酬大于行业均值时，产融结合对企业研发投入的影响为 −0.713 1，当样本高管薪酬低于行业均值时，产融结合对企业研发投入的影响为 −0.622 9。倾向得分匹配结果验证了本书假设，实证结果具备稳健性。

表 5.6　倾向得分匹配结果

		P−R^2	IR 统计量	偏差均值	B 值	R 值	ATT
全样本	匹配前	0.01	28.76	8.2	27.1*	0.56	−0.999 5*
	匹配后	0.03	3.84	4	12.5	0.92	−0.967*
高高管薪酬	匹配前	0.011	17.38	7.5	27.6*	0.56	−1.048 7*
	匹配后	0.008	6.14	5.3	20.4	0.96	−0.713 1*
低高管薪酬	匹配前	0.014	17.08	11.4	32.7*	0.57	−0.976 4*
	匹配后	0.002	1.27	3.3	11.3	1.23	−0.622 9*

5.6　研究结论与管理启示

本书以沪深 A 股上市公司为研究对象，基于 2007—2020 年的 3 296 个样本实证分析产融结合、高管外部薪酬差距对企业科技创新投入的影响，得出以下结论：（1）产融结合对企业科技创新投入具有抑制作用，并且在国有企业、高成长性企业中尤为显著；（2）高管外部薪酬差距正向影响企业科技创新投入，即越高于行业均值，企业科技创新投入越大；高管外部薪酬差距在产融结合与企业科技创新投入之间发挥调节作用，即高管外部薪酬差距会增强产融结合对企业科技创新投入的负面影响。

基于以上结论得出以下启示：（1）企业应设计合理的高管薪酬体系，在行业薪酬基准的基础上，结合行业薪酬基准标杆与高管感知公平性，提高薪酬的激励效果；应鼓励高管团队"放开手脚"追求创新，而非过分重视短期的回报率，保障资金用于创新确保科技创新投入资金的高效使用，以减少产融结合对技术创新投入的负面影响。（2）产融结合是推动国企改革的重要途径。国有企业应明确金融业务的定位，正视产业资本与金融资本之间的关系，并在产融结合过程平衡企业所拥有的产业资本与金融资本，确保产业资本与金融资本之间实现业务、战略和资本的高效协同。

第六章

企业产融结合、融资约束与经济后果关系的实证研究

6.1　引言

新一轮科技革命和产业变革带来了前所未有的技术创新。迅猛发展的物联网、大数据、5G、区块链、云计算等新一代信息技术催生了很多新产业、新业态、新模式。在新经济模式下，企业不乏升级转型的路径，但产融结合应该是其中的必经之路。以金融力量撬动产业的跨越式发展和超高速迭代，是现代企业立于不败之地的核心要务和不二法门。虽然相较于发达国家我国企业产融结合的研究与实践起步较晚，但我国的产融结合从2014年开始快速发展，模式也变得更加丰富。2021年11月5日，工信部、人民银行、银保监会、证监会四部门联合发布《关于加强产融合作推动工业绿色发展的指导意见》，明确指出要建立商业可持续的产融合作推动工业绿色发展路径。可以说，当前我国再次处于产融结合发展的重要历史节点。

作为产业资本和金融资本结合的一种模式，产融结合伴随着社会和科

技水平提高而产生。产业资本和金融资本相互依赖、相互渗透，通过业务合作、股权融合、银企结合等融合模式创新，共同寻求资本与资源增值，以实现和规范生产要素自由流通、降低交易费用、提高企业核心竞争力等。我国企业产融结合实践经验探索大致可分为四种方式：第一种方式是金融资本主导，同时控制银行、证券、保险和信托等金融机构，与产业资本通过产权关系或管理关系相互联系，利用产业资本实体优势，保障金融资本安全性和增值性；第二种方式是产业资本主导，同时控股银行、证券、保险等金融机构，向金融业渗透，形成集团公司与成员企业的关系，通过"资金供给—生产—金融服务"这一产业链条，发挥协同效益，助推高质量发展；第三种方式是由商业银行独资或合资组成，与产业资本通过债权关系相互联系以实现资金链自由供给；第四种方式是地方政府主导，通过城市商业银行、信托、银行等金融机构，与区域内产业相互联系，在这种方式下，政府牵头发挥了重大作用。

在国家提出金融服务实体经济的大背景下，企业产融结合是否真实发挥了决策层期待的经济效用？不少学者对此进行了相关研究。

有学者认为，企业进行产融结合可以为企业提供发展所需资金，降低企业融资成本，实现企业与商业银行、证券公司等金融机构的协同，提高企业资本配置效率和核心竞争力，从而提升企业绩效。李旭超（2017）通过研究发现，上市公司参控股商业银行、财务公司等金融机构的数量和金额与上市公司债务融资成本呈不显著负相关的关系，而参控股上市金融机构能够显著降低企业的债务融资成本。该研究结论有助于更好地理解企业产融结合与企业债务融资之间的关系，帮助实体企业充分利用产融结合服务企业发展，降低实体企业债务融资成本。谭小芳等（2016）以 2007 年至 2013 年国有上市公司为研究对象发现，实施产融结合的国有上市公司资产盈利能力和营运资产盈利能力均优于未进行企业产融结合的国有上市公司。庞明、王梦鸽（2016）以 2010 年至 2014 年进行产融结合的能源上市企业为研究对象发现，能源企业参股商业银行、保险公司、信托公司、财务公司等金融机构的比例与企业绩效存在相关性，能提高企业经营绩效。李革森（2004）实证发现，产融结合与上市公司经营绩效的相关程度会随着金融企业参股比例的上升而增强。王辰华（2004）认为我国企业产融结合的影响有积极和消极两方面，并且积极影响的概率大于消极影响的概率。就积极影响而言，产融结合能有效实现资源配置，发挥协同效应等。郝颖等（2022）认为产融结合能够提升企业绩效，并受到治理镶嵌的正向调节作用，随着企业产权性质和成长性水平的差异而表现出不同效应。

但也有学者认为产融结合型上市企业的运营效率较低，风险因素会降低公司运营效率，总体上有效性不显著且存在大量无效和负效性。比如张庆亮、孙景同（2007）以上市公司每股收益和净资产收益率为样本指标，分析产融结合型上市公司实施产融结合前后经营效率的变化情况，认为产融结合对上市公司的业绩改善不明显，存在负效应。黄昌富、徐亚琴（2016）认为无论对国有企业还是非国有企业，企业产融结合都能够改善这些企业的投资效率，从而提升企业的市场绩效，然而企业产融结合却不利于这些企业提高财务绩效。何玉长、董建功（2017）认为当前我国金融资本化和资本金融化现象扭曲了企业产融结合各方的关系，金融资本的高利润率挤占实体经济利润，金融资本特别是保险资本抢占实体产业股权，对产业资本和实体经济是不利的。黄斌、冯俭（2020）认为对于国有上市企业而言，产融结合会使得企业合规风险发生的概率增加，并影响企业的绩效。实证结果显示，在初期，产融结合会降低国有上市公司的市场绩效，但其负面影响并不是一成不变的，一般在第三年达到峰值，随后慢慢下降，甚至变得不再显著。

综上所述，关于企业产融结合有效性的研究有以下成果：一是企业产融结合对缓解企业融资约束、降低交易费用等有积极作用，在经济发展和企业发展中起到了重要作用。二是企业产融结合的路径和模式不是一成不变的，具体企业要立足国情和企业的具体情况，主流的观点是参股商业银行等金融机构，由产到融。三是学者们对产融结合是否有效存在分歧，这和实证产融结合的有效性模型选择、产融结合界定标准、业绩的具体测度、控制变量选取、所选实证数据等因素有关。

企业产融结合现象的出现有多种驱动因素，常见之一为缓解融资约束。理论认为，企业通过参股银行等金融机构，可以进一步加深企业之间的联系与关联，从中获取融资便利，从而对企业的融资约束起到降低作用。万良勇等（2015）认为相对于国有、大规模和较低行业竞争度的企业而言，民营、大规模和较高行业竞争度的企业进行产融结合，能产生更强的缓解融资约束的作用。

那么融资约束是否会影响产融结合与企业业绩的关系呢？为规避其他产融结合模式可能带来的影响，本书从上市公司参股非上市金融机构的角度，定量分析产业资本向金融业扩张对企业产生的经济后果；利用2007—2020年我国 A 股证券市场为样本，考察参股非金融上市公司样本的股权特征，分析上市公司是否参股非金融上市公司对上市公司业绩产生的影响；并将融资约束作为中介变量，定量分析上市公司参股非上市金融机构的市场行为。研究结果对企业产融结合实践发展有不言而喻的现实意义，为国家正确引导企业产融结合、制定行业规则提供政策建议，同时也丰富和拓展这一领域的研究成果。

6.2 理论分析与研究假设

综合前述，企业产融结合能够优化企业资源配置，提升全要素生产率、增加企业信贷融资，降低债务成本、提高毛利，对实体企业财务绩效产生积极影响；而相反的结论认为产融结合的风险因素和所带来的过度投资等问题反而会降低企业的效率，对企业业绩产生不利影响。本书认为，尽管持股非金融上市公司能够为企业提供资金的"蓄水池"作用，充分发挥企业的剩余能力，但为取得金融业相较于主营业务更高的行业利润水平，企业出于投机套利的动机会加大过度投资行为，从而对主营业务产生"挤出效应"，从长远而言，对企业的业绩具有抑制作用。

相较于国有企业，民营企业融资难明显制约了企业的发展，其进行产融结合的原因之一为信贷歧视。民营企业产融结合会带来较高的整合成本，面临的竞争压力要大得多，给企业成长带来较高的负担，会对企业的业绩产生不利影响。同时，对于国有企业而言，融资的造血能力吸引了越来越多的产业资本转向现金流持续充裕的金融行业。在产融结合的模式中，不论是银行还是保险公司，都很可能被控股股东当作融资平台对待。由于国有企业的特殊地位，更容易利用组建的产融结合平台使自己成为市场的垄断者，引发过度投资和盲目扩张，对原有市场竞争结构和公平竞争造成破坏，从而影响企业的业绩。基于此提出假设 H1。

H1：产融结合对企业业绩存在负效应。

H1a：民营企业产融结合对企业业绩存在负效应。

H1b：国有企业产融结合对企业业绩存在负效应。

由于信息不对称性，外部资金的使用成本往往比内部资金高，当融资者缺乏对企业经营状况的全面了解时，就会造成企业的融资成本增加，导致企业绩效的降低。一方面，通过持有非上市公司股份换取充分的信息交换，产融结合使得企业与银行等金融机构的信息不对称性降低，沟通渠道的进一步拓宽也加速了信息交流，降低了融资成本；另一方面，根据信号理论，企业与银行之间的进一步深化合作关系也在向外部传达企业的信用价值与融资能力，有助于撬动社会投资资本，进而降低企业融资成本。因此，企业可能会通过产融结合改变公司的融资成本、降低融资约束，改善企业形象，进而影响其业绩表现。因此，提出假设 H2。

H2：融资约束在产融结合与企业业绩之间发挥中介作用，即产融结合能够通过缓解融资约束影响企业的业绩。

6.3　研究设计

6.3.1　研究样本和数据来源说明

自 2007 年 9 月起，上市公司开始在其年报中披露产融结合的相关信息：其持有的商业银行、证券公司、保险公司、信托公司和期货公司等非上市金融企业股权等。鉴于此，本书以 2007—2020 年我国沪深两市 A 股上市公司为研究样本，考察产融结合的经济后果。数据来源于国泰安数据库和万得金融数据库，对行业划分采用证监会公布的 2012 年行业分类标准。结合 Excel 及 STATA 15，根据研究目的，对初始数据进行了如下处理：（1）由于 ST、∗ST 类公司数据缺乏可靠性和相关性，剔除了 ST、∗ST 类上市公司样本；（2）剔除掉存在缺失值和异常值的公司样本；（3）剔除金融类上市公司样本、年度行业内公司数量低于 11 的行业；（4）对所有连续变量在 1% 和 99% 分位点进行了缩尾。由表 6.1 可知，样本中制造业企业占比 47.35%，各行业、国有及民营企业的样本分布差异性显著，为研究企业产融结合的经济后果提供了帮助。

表 6.1 样本量分布   （单位：个）

Panel A：行业分布			
行业	国有企业	民营企业	合计
A 农林牧渔业	24	20	44
B 采掘业	413	30	443
C 制造业	1 612	1 322	2 934
D 电力、热力燃气及水生产和供应业	552	51	603
E 建筑业	207	38	245
F 批发和零售业	169	138	307
G 交通运输、仓储和邮政业	491	48	539
I 信息传输、软件和信息技术服务业	80	81	161
K 房地产业	284	272	556
L 租赁和商务服务业	49	113	162
N 水利、环境和公共设施管理业	19	26	45
Q 卫生和社会工作	0	12	12
R 文化、体育和娱乐业	106	26	132
S 综合	0	13	13
合计	4 006	2 190	6 196

6.3.2 变量定义和测量

（1）被解释变量

已有研究表明，产融结合的经济后果主要有财务绩效、市场反应等，本书以经营业绩作为企业业绩的代理变量，来检验实施产融结合对经济后果的影响。经营业绩指标采用资产净利率（Roa）表示，为当期净利润/期末总资产。

（2）解释变量

产融结合（Integrate）。本书借鉴杨兴全等（2021）的做法，以实体上市企业是否参股非上市金融机构来衡量产融结合。若参股则为 1，否则为 0。非上市金融机构的类型如下：银行、信托、基金、财务、期货和证券。

（3）中介变量

融资约束（SA）。为减少内生性影响，通过 SA 指数来进行衡量，该指标计算如下：

$$SA = -0.737 * \ln (size/100 \, 万) + 0.043 * \ln (size/100 \, 万)^2 - 0.04 * age$$

其中，size 为企业规模，age 为上市公司上市年限。根据计算，SA 指数为负值，并且其绝对值越大，说明企业的融资约束程度越强。参照窦欢（2014）的研究，将企业样本中 SA 指数大于中位数的样本定义为融资约束较强的企业，取值为 1；小于中位数的样本定义为融资约束较弱的企业，取值为 0。

（4）控制变量

为避免相关因素缺失导致分析结果偏误，基于以往研究，本书选取企业规模、资产负债率、收入增长率、企业年龄、第一大股东持股比例、独立董事比例、两职合一作为控制变量，分别用 Asset、Lev、Growth、Age、Shrcr、Dep、Dual 表示，并控制年份和行业因素。

具体变量定义见表 6.2。

表 6.2 变量定义

变量名称		变量解释	定义
被解释变量	Roa	经营业绩	净利润/期末总资产
	Tobin's Q	市场业绩	（债权账面价值+股权账面价值）/期末总资产，取自然对数
解释变量	Integrate	产融结合	虚拟变量，若参股金融上市公司则为 1，否则为 0

变量名称		变量解释	定义
中介变量	SA	融资约束	SA 指数取绝对值后, 大于中位数为融资约束较强, 此时为 1, 否则为 0
控制变量	State	公司属性	虚拟变量, 国有企业为 1, 民营企业为 0
	Asset	企业规模	公司总资产取自然对数
	Lev	资产负债率	企业年末资产负债率
	Growth	收入增长率	(本期营业收入—上期营业收入) /上期营业收入
	Age	企业年龄	公司自成立以来的年数
	Shrcr	第一大股东持股比例	第一大股东持股数量/总股数
	Dep	独立董事比例	独立董事人数/董事会人数
	Dual	两职合一	虚拟变量, 董事长兼任总经理为 1, 否则为 0
	Year	年度哑变量	
	Indus	行业哑变量	

6.3.3　模型设定

本章构建以下回归模型对产融结合的经济后果进行研究:

$$Roa_{i,t} = \alpha_1 + \beta_1 Integrate_{i,t} + \beta_2 \sum Control_{i,t} + \gamma_1 \sum Indus_{i,t} +$$
$$\gamma_2 \sum Year_{i,t} + \varepsilon_1 \qquad \text{①}$$

$$SA_{i,t} = \alpha_2 + \beta_3 Integrate_{i,t} + \beta_4 \sum Control_{i,t} + \gamma_3 \sum Indus_{i,t} +$$
$$\gamma_4 \sum Year_{i,t} + \varepsilon_2 \qquad \text{②}$$

$$Roa_{i,t} = \alpha_1 + \beta_5 Integrate_{i,t} + \beta_6 SA_{i,t} + \beta_3 \sum Control_{i,t} + \gamma_5 \sum Indus_{i,t} +$$
$$\gamma_6 \sum Year_{i,t} + \varepsilon_1 \qquad \text{③}$$

模型①验证 H1, 模型②③验证 H2。其中, α 代表截距, β 代表回归系数, ε 代表残差。针对中介效应检验, 参考温忠麟等 (2004) 的检验方法，若 β_1、β_3、β_6 显著，β_5 显著则说明 SA 起部分中介作用，β_5 不显著则完全中介作用。

6.4　实证结果与分析

6.4.1　描述性统计与相关性分析

具体变量的描述性统计如表 6.3。可以看到，因变量经营业绩（Roa）均值为 4.869，标准差为 5.931，市场业绩（Tobin's Q）均值为 1.648，标准差为 1.032，表明样本间存在较大的差异。自变量产融结合（Integrate）均值为 0.198，表明样本区间内约有 19.8% 的样本参与了产融结合；标准差为 0.399，说明企业参控股金融机构现象具有一定的差异性。Asset 为企业规模的描述性统计，取自然对数后，该变量的均值为 23.56，最大值为 27.32，最小值为 20.11，标准差为 1.473，说明样本企业的资产规模具有一定的差异性。Lev 为资产负债率，均值为 53.13，标准差为 19.81，说明整体而言上市公司负债高于资产，并具有差异性。Growth 为收入增长率，均值为 14.73，标准差为 30.87，说明上市公司收入增长率存在差异。Shcrc 为第一大股东持股比例，上市公司样本中第一大股东持股比例较高，均值为 44.62%。Dep 为独立董事比例，均值为 0.324，说明上市公司样本独立董事大概为董事会规模的 32.4%。Dual 为董事长与总经理二职合一变量，该变量的均值为 0.154，说明有 15.4% 企业中，董事长与总经理由同一人担任。

表 6.3 变量的描述性统计

variable	N	Mean	SD	Min	Max	Range	P25
Roa	6 196	4. 869	5. 931	−16. 12	24. 04	40. 16	1. 695
Tobin's Q	6 196	1. 648	1. 032	0. 811	6. 912	6. 101	1. 057
Integrate	6 196	0. 198	0. 399	0	1	1	0
SA	6 196	0. 5	0. 5	0	1	1	0
State	6 196	0. 647	0. 478	0	1	1	0
Asset	6 196	23. 56	1. 473	20. 11	27. 32	7. 208	22. 63
Lev	6 196	53. 13	19. 81	7. 866	91. 69	83. 82	39. 33
Growth	6 196	14. 73	30. 87	−54. 18	156. 9	211. 1	−1. 682
Age	6 196	23. 15	5. 275	10	37	27	20
Shrcr	6 196	44. 62	15. 12	13. 97	80. 25	66. 28	32. 93
Dep	6 196	0. 324	0. 043	0. 288	0. 47	0. 182	0. 288
Dual	6 196	0. 154	0. 361	0	1	1	0

下页表 6.4 显示皮尔森相关系数。变量之间未发现较强的相关关系，不存在多重共线性等问题。

表 6.4 全样本皮尔森相关系数检验

	Roa	Tobin's Q	Integrate	SA	State	Asset	Lev	Growth	Age	Shrer	Dep	Dual
Roa	1											
Tobin's Q	0.347***	1										
Integrate	-0.049***	-0.086***	1									
SA	0.096***	0.122***	-0.062***	1								
State	-0.146***	-0.181***	0.091***	-0.066***	1							
Asset	-0.085***	-0.421***	0.066***	-0.358***	0.229***	1						
Lev	-0.487***	-0.341***	0.109***	-0.136***	0.123***	0.395***	1					
Growth	0.286***	0.079***	-0.0180	0.025**	-0.117***	-0.040***	0.00100	1				
Age	0.00300	0.0120	-0.043***	0.634***	-0.037***	-0.073***	0.046***	-0.00200	1			
Shrer	0.025**	-0.063***	-0.041***	0.075***	0.287***	-0.034***	-0.082***	-0.104***	-0.041***	1		
Dep	-0.00200	-0.00200	0.0140	-0.070***	0.089***	0.148***	0.050***	-0.026***	-0.034***	0.0200	1	
Dual	0.106***	0.090***	-0.071***	0	-0.302***	-0.061***	-0.085***	0.083***	-0.0130	-0.147***	0.085***	1

6.4.2　假设回归结果分析

表 6.5 验证产融结合（Integrate）对企业业绩的影响。其中式（1）验证产融结合（Integrate）对企业业绩（Roa）的影响；式（2）和（3）验证产融结合（Integrate）对民营和国有企业业绩的影响；式（4）和（5）验证融资约束（SA）的中介效应。

由式（1）可知，产融结合（Integrate）β 值为 -0.644 1，p 值小于 0.01 达到显著性水平，说明产融结合并没有改善企业业绩，对企业业绩有抑制作用，H1 得到验证。由式（2）可知，产融结合（Integrate）β 值为 -0.216，但未达到显著水平，H1a 未得到验证。究其原因，相较于国有企业，民营企业面临严重的融资约束问题，产融结合能让金融机构资本管理和运营上的比较优势得到充分发挥，使民营企业获得较为理性化的投资决策建议，促进民营企业业绩改善。式（3）产融结合（Integrate）β 值为 -0.8163，p 值小于 0.01 达到显著性水平，说明国有企业产融结合不仅没有对企业经营业绩产生积极的影响，反而降低了企业的经营业绩，H1b 得到验证。

由式（4）可知，产融结合对融资约束存在显著的影响（β 值为 -0.0284，p 值小于 0.05），说明越是实施产融结合的企业，越能缓解其融资约束。企业实施产融结合，开展金融业务，能够增加与金融机构的联系和往来，融资渠道的拓宽和便利性有助于降低融资成本，提高融资效率。式（5）显示，在控制中介变量融资约束（SA）后，产融结合（Integrate）的回归系数 β 值由式（4）的 -0.0284 变为 -0.6162，且 p 值小于 0.01，达到显著性水平；融资约束（SA）β 值为 0.9831，p 值小于 0.01，达到显著性水平。由以上可知，融资约束在企业产融结合和经营业绩之间起着部分中介作用，即产融结合能够通过缓解融资约束影响企业的业绩，H2 得到验证。

表 6.5 产融结合对企业经营业绩的影响

	式(1)全样本	式(2)民营企业	式(3)国有企业	式(4)SA	式(5)中介效应
Integrate	−0.6441***	−0.216	−0.8163***	−0.0284**	−0.6162***
	(−3.7875)	(−0.6042)	(−4.4048)	(−2.2661)	(−3.6310)
SA					0.9831***
					(5.7023)
Asset	0.9522***	1.6796***	0.8128***	−0.0959***	1.0465***
	(17.6891)	(14.2289)	(13.3890)	(−24.1618)	(18.6271)
Lev	−0.1711***	−0.1895***	−0.1661***	−0.000300	−0.1708***
	(−45.5569)	(−26.1158)	(−38.2539)	(−1.0852)	(−45.5901)
Growth	0.0504***	0.0416***	0.0552***	0.0005***	0.0499***
	(24.4669)	(12.5486)	(20.9419)	(3.0898)	(24.2861)
Age	0.0543***	0.0736***	0.0273**	0.0588***	−0.00350
	(4.6349)	(2.9644)	(2.1068)	(68.0794)	(−0.2269)
Shrcr	0.0134***	0.0471***	0.00490	0.0029***	0.0106**
	(3.1879)	(5.9579)	(0.9429)	(9.2916)	(2.5034)
Dep	−2.091	−0.125	0.886	−0.116	−1.977
	(−1.4459)	(−0.0399)	(0.5590)	(−1.0856)	(−1.3706)
Dual	0.8662***	0.324	0.6864**	−0.00200	0.8681***
	(4.9928)	(1.2425)	(2.5683)	(−0.1536)	(5.0167)
_Cons	−8.7720***	−22.2646***	−8.1238***	1.3071***	−10.0570***
	(−6.0942)	(−7.6669)	(−4.7610)	(12.3163)	(−6.9200)
Year	Y	Y	Y	Y	Y
Indus	Y	Y	Y	Y	Y
R^2	0.372	0.344	0.406	0.519	0.375
F	98.45	30.52	79.65	180.0	97.20

6.5　稳健性检验

需要指出的是，企业管理层在决策是否进行产融结合时，会考虑诸多因素，如企业的规模、盈利状况、企业成长性、行业发展情况等，这些因素同时又会对企业的绩效产生影响。正如蔡旺春等（2017）认为，企业的投资决策与 Tobin's Q 关系密切，两者之间存在一种动态的平衡关系。因此 Tobin's Q 也是影响企业是否产融结合的重要因素。如果直接探讨产融结合对企业绩效的影响，而忽略当中产生的内生性问题，会导致内生选择偏误，影响实证结果的准确性和可靠性。为了控制内生性选择偏误，本书参照罗党论等（2012）的做法，采用经典的二阶段处理效应模型（Treatment Effect Model）对模型（1）（3）进行稳健性检验。

具体模型如下：

$$\text{Probit}\ (\text{Integrate}_{i,t})\ = \alpha_1 + + \beta_1 \text{Tobin's Q}_{i,t} + \beta_2 \sum \text{Control}_{i,t} +$$
$$\mu_{indus} + \tau_{year} + \varepsilon_1 \qquad \qquad ④$$

$$\text{Roa}_{i,t} = \alpha_2 + \beta_3 \text{Integrate}_{i,t} / \text{SA}_{i,t} + \beta_4 \sum \text{Control}_{i,t} + \gamma_1 \text{Hazard} +$$
$$\mu_{indus} + \tau_{year} + \varepsilon_1 \qquad \qquad ⑤$$

第一阶段回归④是以企业是否进行产融结合的虚拟变量作为因变量，把 Tobin's Q 作为自变量。通过 Probit 模型估计产融结合，模型④的回归结果可以计算出内生选择偏误调整项——Hazard。第二阶段的回归方程⑤将企业绩效作为因变量，研究产融结合、融资约束对企业绩效的影响。自变量中额外增加了 Hazard 来控制内生性选择偏误所造成的影响。结果如表6.6所示。

表 6.6 稳健性检验

	式（1）Probit	式（2）Roa	式（3）中介效应
Integrate		−4.2722***	−4.6031***
		(−5.3585)	(−5.7693)
SA			1.0511***
			(6.1051)
Tobin's Q	−0.0807***		
	(−2.7796)		
Asset	0.2431***	1.1749***	1.2978***
	(12.6017)	(16.0320)	(17.0644)
Lev	0.0029**	−0.1690***	−0.1685***
	(2.1537)	(−43.2549)	(−42.9107)
Growth	−0.0029***	0.0482***	0.0475***
	(−3.7833)	(22.1585)	(21.7081)
Age	−0.00360	0.0490***	−0.0133
	(−0.8842)	(4.0365)	(−0.8337)
Shrcr	−0.0070***	0.0089**	0.00540
	(−4.5816)	(1.9968)	(1.2008)
Dep	−0.826	−2.8406*	−2.7936*
	(−1.6191)	(−1.8909)	(−1.8509)
Dual	−0.1588**	0.7535***	0.7443***
	(−2.3833)	(4.1660)	(4.0964)
_Cons	−5.1523***	−12.0847***	−13.7880***
	(−9.4254)	(−7.3334)	(−8.2253)
Hazard		2.1775***	2.3941***
		(4.6738)	(5.1357)
N	6196	6196	6196

式（1）第一步回归中加入的 Tobin's Q 显著为负，说明工具变量的选择有效。式（2）和式（3）选择偏误调整项 Hazard 系数的显著性说明模型存在内生性偏误问题，实证结果应具体参考二阶段检验回归结果。

对于式（2）以 Roa 进行稳健性检验中，核心解释变量 Integrate 显著为负，这一点在处理效应模型回归结果表中显示为-4.272 2，说明相对于 Integrate＝0 的样本，Integrate 取值为 1 的样本的 Roa 要比基准回归低3.628 1个单位。说明在未考虑自选择偏差的情况下，低估了 Integrate 对 Roa 的影响。同理，对于式（3）对中介效应的稳健性检验中，同样低估了 Integrate、SA 对 Roa 的影响。

6.6　研究结论与管理启示

本书以沪深 A 股上市公司为研究对象，基于 2007—2020 年的 6196 个样本实证分析产融结合对企业产生的经济后果，得出以下结论：（1）产融结合不利于企业的业绩表现，对国有企业尤为显著；（2）产融结合能够缓解融资约束；（3）融资约束在产融结合与经济后果之间发挥部分中介作用，即产融结合能通过缓解融资约束对企业业绩产生影响。

基于以上结论得出以下启示：（1）我国产融结合给企业所带来的整体经济效应并不高。一方面，产融结合并没有积极影响企业的业绩；另一方面，我国企业资产证券化、经济金融化程度不高，因此对于政府而言，要逐步健全金融体系，使金融体系与实体经济体系衔接成闭环与联动体。（2）虽然现阶段我国的产融结合并未对企业的经济后果产生积极的作用，但金融对于配置资源和促进经济发展有着不可替代的杠杆作用，因此仍然有理由相信，随着我国产融结合的推广和完善，会逐步凸显其对经济增长的各种直接作用和间接作用。(3)融资约束会掣肘企业长远发展及表现,而产融结合恰好能够显著缓解和降低企业的融资约束,因此要保障产融结合在缓解企业融资约束过程中的作用,推动我国企业经济稳健增长。

第七章

浙江恒逸集团有限公司产融结合案例

7.1 引言

产融结合作为现代企业做大做强、实现全球化等企业战略的重要方法，一直被理论界和实务界所关注，成为经济领域热点之一。据统计，在世界500强企业中，80%以上的企业都成功地进行了产融结合。企业产融结合可以降低企业交易成本，实现协同效应，搭建金融平台，推动企业并购整合，稳定和提高企业利润，拓宽企业融资渠道，从而实现企业跨越式发展。

浙江恒逸集团有限公司产融结合的意义在于：（1）通过产融结合促进浙江恒逸集团有限公司进行化纤行业的产业整合。浙江恒逸集团有限公司是全球最大的经营PTA、PET的石油化工企业，是PTA的产业龙头，具有整合化纤行业的基础，通过产融结合可以帮助企业实现化纤行业的产业整合。（2）通过产融结合促进浙江恒逸集团有限公司的国际化。目前，浙江恒逸集团有限公司在文莱投资建设千万吨级炼油化工一体化项目，在美

78

国、日本、新西兰等国家寻找产业链内的并购标的，通过产融结合，帮助浙江恒逸集团有限公司成为世界一流的石油化工国际集团之一。

7.2　浙江恒逸集团有限公司简介

浙江恒逸集团有限公司是一家专业从事石油化工与化纤原料生产的现代大型民营企业，总部位于杭州萧山，其前身为 1974 年创办的萧山区衙前公社针织厂，1994 年正式组建集团公司。集团现有员工 25 000 余名、总资产超过 1200 多亿元。2020 年首次跻身中国企业 500 强前 100 名，连续 16 年名列中国民营企业 500 强前 50 位，2021 年首次荣登《财富》世界 500 强第 309 位。

集团坚持以"让中国悠久的纺织历史在我们这一代人身上再次闪射耀眼的光芒"为初心，以"建百年长青基业，立世界名企之林"为使命，按照后向一体化发展路径，确立了石化产业、石化贸易、石化金融、石化物流的"石化+"战略思想，先后在全国民营企业当中成功涉足聚酯熔体直纺和 PTA 项目，与中国石化共建的己内酰胺项目被赞为混合所有制改革的样板，"一带一路"重点项目——恒逸文莱炼化项目被誉为中文两国旗舰合作项目，其中一期项目于 2019 年 11 月全面建成投产，彻底打通全产业链一体化经营的"最后一公里"，在同行中形成了具有鲜明特色、富有竞争力的涤锦"双纶"驱动模式和"柱状型"产业结构。目前，浙江恒逸集团有限公司聚酯年产能逾 1000 万吨，系全球首家；旗下参控股企业 PTA 年产能（含在建项目）达 2200 万吨，居全球第一。控股企业恒逸石化股份有限公司于 2011 年 6 月在深交所整体资产上市，股票代码为 000703.SZ。参股企业浙商银行股份有限公司于 2016 年 3 月在香港联交所上市，股票代码

为 HK02016，2019 年 11 月在上交所上市，股票代码为 601916.SH，成为 A
股第 5 家"A+H"上市股份行。

恒道酬勤，逸志高远。2021 年，浙江恒逸集团有限公司开启了第六个
五年发展规划，形成了以创建 1 个平台、设立 2 个中心和打造 6 大基地为
主要内容的"126"实施方案，绘就了高质量发展的宏伟蓝图。按照"总
部+科研+基地"的三位一体模式，集团深入实施创新驱动发展战略，未来
十年研发投入规模将达到百亿级，研发团队增至 2 000 人，进一步发挥上
下游产业一体化优势，引领产业生态构建，推动行业技术进步，坚定不移
朝着到 2024 年恒逸建企 50 周年时进入世界 500 强前 300 名、到 2044 年恒
逸组建集团 50 周年时成为国际一流的石化产业集团之一的"两个五十年"
奋斗目标砥砺前行。

7.3　浙江恒逸集团有限公司实施产融结合的条件

7.3.1　化纤行业周期和发展趋势

化纤行业在 2011 年达到行业周期高点之后，从 2012 年开始进入了产
业的下降周期，产能过剩逐步显现，聚酯整体供过于求，供需结构不平
衡，聚酯产品价格大幅下降，企业盈利能力下降，化纤企业融资难，部分
化纤企业陷入了经营困难，部分企业因资金链断裂破产。而石油化工行业
作为重资产行业，将向产业链纵向一体化发展，实现炼油、化工、化纤上
下游一体化的产业布局，实现从劳动密集型向资本、技术密集型的转型升
级。2016 年石油化工处在行业周期的底部以及行业未来的炼油、化工、化
纤上下游一体化的发展趋势，为行业并购整合提供了现实基础。

7.3.2 浙江恒逸集团有限公司的产业基础

浙江恒逸集团有限公司现已成为全球最大的PTA-聚酯和CPL-锦纶双产业链一体化的化纤生产商。自2000年以来，恒逸集团紧紧围绕纺织、化纤、石化产业不断向上游炼化延伸，坚持产业链纵向一体化发展，现已形成"PTA-聚酯"与"CPL-锦纶"双链发展的产业格局，同时在文莱投建了炼化一体化项目，打通涤纶、锦纶双链的产业链最上游环节。集团现有PTA产能1350万吨，聚酯产能755万吨，CPL产能40万吨，PA6产能46.5万吨，上游800万吨炼化项目已经投产，每年能够提供150万吨PX原料用于生产PTA。综上，浙江恒逸集团有限公司是全球最具竞争力的化纤龙头企业。集团的产业基础（浙江恒逸集团有限公司产能及行业地位如下表7.1）为其进行产融结合奠定了基础。

表7.1 浙江恒逸集团有限公司产能及行业地位

主要产品	产能（万吨）	行业地位
炼化一体化产业		
炼化	800	投料试车
PTA-聚酯产业		
PTA	1350	全球最大
PET	755	全球最大
涤纶长丝	445	中国第二
涤纶短纤	90	中国第三
聚酯瓶片	150	中国第二
聚酯切片	70	中国第三
CPL-锦纶产业		
CPL	40	全球领先
PA6	46.5	中国领先

7.3.3 浙江恒逸集团有限公司的投融资经验和相关人才的储备

浙江恒逸集团有限公司较早就开展金融投融资工作。2011 年，恒逸石化股份有限公司发行股份购买浙江恒逸集团有限公司及天津鼎晖股权投资一期基金（有限合伙）、天津鼎晖元博股权投资基金（有限合伙）所持有浙江恒逸石化有限公司 100% 的股权。同时，河南汇诚以协议方式将其所持世纪光华 1 223 705 万股股份转让给浙江恒逸集团有限公司，浙江恒逸集团有限公司以现金支付对价，完成了恒逸石化股份有限公司在 A 股借壳上市。此后，浙江恒逸集团有限公司运用控股上市公司的平台，开始进行了定向增发、债券发行、运用并购基金进行企业并购等投融资工作，积累了丰富的企业投融资的经验。

浙江恒逸集团有限公司在投融资的实践过程中，也储备了较多的投融资相关人才。企业投融资有自己的专业特点，属于知识密集型领域，不仅需要大量的资金投入，更需要相关人才做支撑。近年来，浙江恒逸集团有限公司对于投融资相关人才的引进一直都没有中断，集团人力资源部长期从国内外高校和金融机构招聘高素质投融资相关人才，为战略投资部等投融资相关部门补充了新鲜血液，提供高于市场平均水平的工资福利待遇，建立起较完善的物质激励和精神激励体系。现在浙江恒逸集团有限公司投资融资相关领域如产业整合、债券融资、创新融资、资本运营、项目尽调、协议谈判、项目融资、项目报批、战略管理、产业研究、政策研究等积累了较多的人才，学科专业涉及会计学、金融学、法律、产业经济学等。目前，浙江恒逸集团有限公司投融资相关人才的数量和质量在全国企业特别是在化纤企业中处于一流水平，具备集团进行产融结合的人才基础。

7.3.4 高水平的企业经营管理为收购企业正常生产提供保证

浙江恒逸集团有限公司 45 年来一步步做大做强，靠的就是高水平的企业经营管理。集团多年来在战略管理、计划管理、生产管理、采购管理、质量管理、技术研发、成本管理、财务管理、人力资源管理、营销管理、后勤管理等企业经营管理方面积累了丰富的经验。如集团 PTA 的生产成本是化纤行业中最低的，体现集团高水平的生产管理水平，集团在各个发展阶段抓住了国家和行业的机遇，体现集团高水平的战略管理水平。目前，浙江恒逸集团有限公司还在不断地完善自身的企业管理水平，如成立生产管理中心提升自己的生产管理水平。高水平的企业经营管理为收购企业正常生产提供保证。

7.3.5 拥有核心竞争力

企业核心竞争力是指能够为企业带来比较有竞争优势的资源以及资源的配置与整合方式。一个企业要在激烈的市场竞争中脱颖而出，企业核心竞争力是最关键的因素之一。首先，浙江恒逸集团有限公司的核心竞争力来源于在化纤行业的龙头地位。集团连年跻身中国企业 500 强、中国民营企业 500 强，是中国最大的 PTA 和聚酯纤维产商之一。石化行业是典型的规模效应产业之一，集团的行业地位是其核心竞争力之一。其次，浙江恒逸集团有限公司的核心竞争力来源于企业强大的创新能力。近年来，集团投入大量的人力物力进行产品研发，培养了一大批有创新精神的研发人员，开发出逸钛康等新型绿色化纤产品。除此之外，集团战略管理、组织变革、投融资、人力资源管理等方面也进行了大量创新。最后，浙江恒逸集团有限公司的核心竞争力来源于其强大的产业整合能力。从入股浙商银行到设立并购基金进行产业并购整合，并且在短时间内恢复生产，体现集团强大的整合能力。

7.4 浙江恒逸集团有限公司产融结合目标和路径

7.4.1 产融结合目标

以产促融，以融助产，实现产业与金融协同发展，为浙江恒逸集团有限公司在建企 50 周年实现工业总产值 5 000 亿元、进入世界 500 强企业行列、成为世界一流的石油化工企业国际集团之一提供支持。

7.4.2 产融结合路径

（1）设立或参股商业银行，平滑公司利润。2018 年，全球前五大最赚钱公司当中，中国公司占了 4 个，全部是银行。2018 年，中国 3 600 多家 A 股上市公司净利润 33 897 亿元，而 32 家上市银行净利润 14 813 亿元，占 A 股上市公司净利润 44%，占 A 股非银行上市公司净利润 78%。2015 年至 2018 年，A 股上市银行 ROE 平均值分别达到 15.67%、13.87%、13.04%、12.24%，远远高于同期 A 股上市公司和非上市公司的 ROE。浙江恒逸集团有限公司自 2004 年首次入股浙商银行至 2017 年，已收到浙商银行股利累计达 11.3196 亿元，具体金额见表 7.2 浙江恒逸集团有限公司 2004 年至 2017 年收到浙商银行的分红款。浙江恒逸集团有限公司所在的石油化纤产业，产业周期明显，2011 年处于石油化纤产业高峰，后逐步回落，2016 年达到产业的低谷。而银行业在石油化纤产业处于回落周期时正处于行业高利润时期，因此，浙江恒逸集团有限公司参股浙商银行，平滑了集团的公司利润。

表 7.2　浙江恒逸集团有限公司 2004 年至 2017 年收到浙商银行的分红款

年度	收到分红款（万元）	说明
2006	1 432	
2009	2 576	
2010	4 976	含控股子公司收到的分红
2011	19 093	含控股子公司收到的分红
2012	26 712	含控股子公司收到的分红
2015	16 155	含控股子公司收到的分红
2016	21 126	含控股子公司收到的分红
2017	21 126	含控股子公司收到的分红
合计	113 196	

（2）运用并购基金进行企业并购，实现浙江恒逸集团有限公司产能扩张。化纤行业在 2011 年达到行业周期高点之后，从 2012 年开始进入了产业的下降周期，产能过剩逐步显现，聚酯整体供远大于求，供需结构不平衡，聚酯产品价格大幅下降，企业盈利能力下降，化纤企业融资难，一些化纤企业陷入了经营困难，部分企业因资金链断裂而破产。而石油化工行业作为重资产行业，将向产业链纵向一体化发展，实现炼油、化工、化纤上下游一体化的产业布局，从劳动密集型向资本、技术密集型的转型升级。2016 年石油化工处在行业周期的底部以及行业未来的炼油、化工、化纤上下游一体化的发展趋势，为行业并购整合提供了现实的基础。截至2018 年年底，浙江恒逸集团有限公司通过设立并购基金等方式并购整合了8 家聚酯企业，聚酯产能得到大幅度提升。近年来浙江恒逸集团有限公司并购整合的聚酯企业见表 7.3。

表 7.3 近年来浙江恒逸集团有限公司并购整合的聚酯企业

序号	时间	项目	产能（万吨）	并购方式
1	2017 年 3 月	嘉兴逸鹏（原龙腾）	25	破产拍卖
2	2017 年 7 月	太仓逸枫（原明辉）	20	破产拍卖
3	2017 年 12 月	萧山逸暻（原红剑）	75	破产拍卖
4	2018 年 6 月	绍兴恒鸣（原远东）	80	破产拍卖
5	2018 年 1 月	福建逸锦（原锦兴）	30	股权收购
6	2018 年 2 月	宿迁逸达（原翔盛）	40	破产拍卖
7	2018 年 3 月	杭州逸宸（原锦远）	30	破产拍卖
8	2018 年 11 月	双兔新材料	100	发行股份
		合计	400	

浙江恒逸集团有限公司并购基金通常采用有限合伙制的组织形式，由并购基金管理公司担任普通合伙人（GP），主要负责并购基金的经营管理，通常只需出资很小一部分，即可取得较大比例的后端投资收益分成，这对普通合伙人具有较强的激励作用。虽然普通合伙人（GP）仅出资很小一部分，但却要负无限连带责任。浙江恒逸集团有限公司和其他投资者出资并担任有限合伙人（LP）。浙江恒逸集团有限公司某项目并购基金架构如图 7.1。

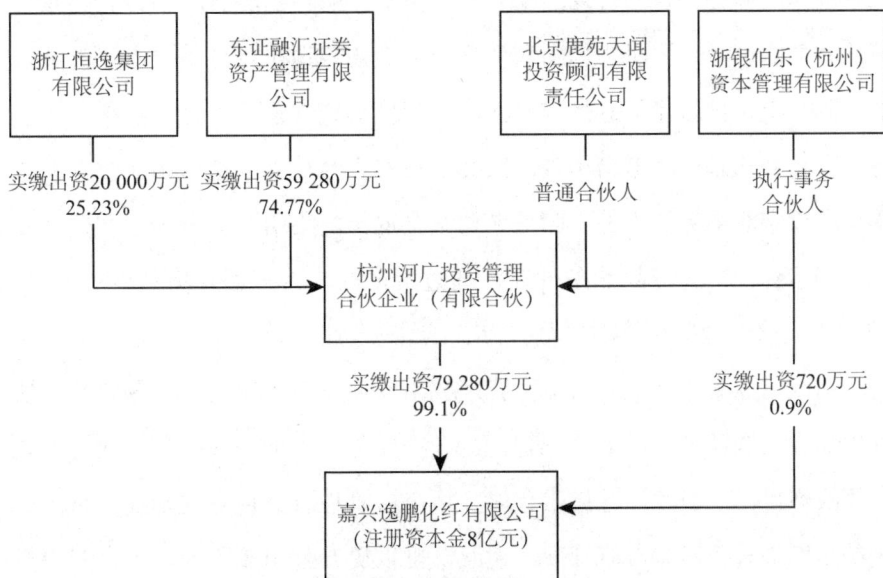

图 7.1 浙江恒逸集团有限公司某项目并购基金架构

浙江恒逸集团有限公司并购基金的运作过程主要包括：（1）设立并购基金及并购标的选择。由浙江恒逸集团有限公司或由金融机构等合作方提供拟并购标的，在众多拟并购标的中，由并购基金做初步筛选，并对筛选后的拟并购标的进行尽职调查，与拟并购标的进行谈判或进行项目竞拍。浙江恒逸集团有限公司依据公司发展战略与自身实际需求对拟并购项目进行合理选择。（2）投后管理。并购基金对标的项目进行并购之后，需要根据公司发展战略的要求进行投后管理。一是对并购标的进行规范性操作。因企业已经处在破产的阶段，内部经营管理已经比较混乱，需要对企业的公司治理、内部经营管理制度、环境等合规性问题进行梳理和规范。二是对并购标的进行复产。并购标的往往是破产的化纤企业，并购基金需要根据集团的要求，对并购标的进行复产。由集团选派职业经理人参与并购标的的日常经营管理，集团对企业的发展战略规划、经营管理决策、日常经营管理等方面提供科学合理的指导。三是对并购标的经营业绩进行考核评价。在并购基金设立时，集团和各投资方会规定退出条件，只有当并购标的达到一定条件后才可进行资产注入等相应的资本运营，经营业绩等未达标会导致并购基金的退出困难。因此，投资方会设置一些退出条款，对并购标的设定业绩考核条件。四是并购基金退出。集团有上市子公司恒逸石化，当达到上市公司收购条件时，通过资产注入，实现并购基金的退出。

（3）将市值管理摆在核心位置，为浙江恒逸集团有限公司资本运营提供支持。浙江恒逸集团有限公司市值管理就是要使整个集团的价值最大化，实现集团成为全球最大的 PTA-聚酯和 CPL-锦纶双产业链一体化的化纤石化集团战略目标。浙江恒逸集团有限公司市值管理有其自身的动因。从大股东的角度来看，通过市值管理，大股东可以提升公司股票的市值，获得资本溢价，实现股东财富最大化、控股股东股票减持和控股股东巩固控制权等。从公司员工来看，通过市值管理的方法，可以提高公司员工的收入。从企业并购整合化纤产能的角度来看，有利于实现并购基金收购项目注入上市公司，同时也有利于上市公司恒逸石化和集团的融资。浙江恒逸集团有限公司通过股权激励、定增、并购基金等资本运营的方法（见表7.4），对控股的上市公司恒逸石化进行市值管理，实现并购基金收购项目注入上市公司恒逸石化等目标，从而实现公司市值的溢价。

表 7.4 2016 年至 2018 年浙江恒逸集团有限公司资本运营事项

序号	年度	资本运营事项
1	2016	38 亿非公开市场发行
2	2016	总规模约 4 亿元员工持股计划
3	2017	与中国信达等设立并购基金
4	2017	20 亿元可交换债
5	2017	总规模约 6 亿元员工持股计划

序号	年度	资本运营事项
6	2017	投资浙商产融20亿元
7	2018	嘉兴逸鹏、太仓逸枫、双兔新材料资产注入上市公司
8	2018	30亿元非公开市场发行
9	2018	总规模约24亿员工持股计划
10	2018	11.8亿元融资租赁

7.5 浙江恒逸集团有限公司产融结合的风险

7.5.1 宏观环境风险

企业产融结合受国家政治、经济、法律、金融监管等宏观环境的影响非常大，企业产融结合能否成功，产融结合的效果能否达到预期，宏观环境风险某种程度上可以起决定性影响。近年来，浙江恒逸集团有限公司面临中美贸易战、金融去杠杆等宏观环境风险。

7.5.2 产业空心化风险

企业产融结合中产业是基础，产业出现空心化就违背了浙江恒逸集团有限公司产融结合的初衷。产业空心化风险是产融结合最根本的风险，产业是基础，金融是服务产业的。当前许多进行产融结合的企业存在过度获取金融牌照的倾向，企业花大量的财务和人才等资源进入商业银行、证券、保险、基金、期货、信托等金融行业。浙江恒逸集团有限公司若将企业的大量资金投资于商业银行、证券、保险、基金、期货、信托等金融机构，就有可能出现产业空心化风险。石油化纤板块永远是集团的基石，金融板块是集团的补充，是服务石油化纤板块的，若脱离石油化纤产业一味追求金融利润，浙江恒逸集团有限公司就极有可能面临很大的产融结合风险。

7.5.3 流动性风险

企业可能因为投融资期限的错配、资本结构不合理、应收账款管理等原因造成企业资金无法满足企业发展和日常资金需求，从而导致企业资金链断裂，形成流动性风险。目前，浙江恒逸集团有限公司文莱炼化一体化项目、海宁聚酯项目等正在建设当中，并购了多个化纤企业，资金需求量很大。2018 年以来，在美国贸易战、金融去杠杆等宏观环境背景下，全国债券违约企业大幅增加（详见表 7.5、7.6）。浙江恒逸集团有限公司在面临大量的资金需求和不良的宏观环境的背景下，需要紧密关注企业的流动性风险。

表 7.5　2018 年以来新增违约主体债券违约情况

发生日期	发行人	代表债券	原因简析
2018 年 3 月	神雾环保	16 环保债	行业低迷
2018 年 4 月	富贵鸟	14 富贵鸟	资产质量下降，大额违规对外担保
2018 年 4 月	神雾集团	16 神雾 E1	子强母弱，叠加股票质押比例较高引发控制权丧失风险
2018 年 5 月	中安科	15 中安消	行业低迷，经营不佳，再融资受阻
2018 年 5 月	凯迪生态	11 凯迪 MTN1	资金周转困难
2018 年 5 月	上海华信	17 沪华信 SCP002	受董事局主席不能正常履职、媒体新闻事件等不利因素冲击，公司正常经营受重大影响

发生日期	发行人	代表债券	原因简析
2018 年 6 月	阳光凯迪	16 凯迪债	公司经营低迷
2018 年 6 月	中融双创	16 长城 01	资金多次用于收购和转让，支出压力大
2018 年 6 月	省房集团	17 省房债	京鹏公司对重庆信托债务到期未偿付事宜触发了投资者保护契约条款
2018 年 7 月	永泰能源	17 永泰能源 CP004	资金周转困难
2018 年 7 月	永泰集团	18 永泰集团 SCP001	资金周转困难
2018 年 8 月	乐视网	15 乐视 01	资金周转困难
2018 年 8 月	兵团六师	17 兵团六师 SCP001	技术性违约
2018 年 8 月	中城六局	15 城六局	主要资产被查封冻结，流动性紧张
2018 年 8 月	金鸿控股	15 金鸿债	卷入国储能源离岸美元债违约风波，流动性紧张
2018 年 8 月	美兰机场	17 美兰机场 SCP002	短期偿债压力较大，流动资产与流动负债不匹配导致的资金链紧张
2018 年 9 月	印纪传媒	17 印纪娱乐 CP001	应收与股票质押的双重风险暴露
2018 年 9 月	河南众品	17 众品 SCP002	流动资产质量恶化，须加强流动资产的审核
2018 年 9 月	新光集团	15 新光 01	受宏观降杠杆、银行信贷收缩、民企融资困难等多重因素影响，公司流动性出现问题
2018 年 9 月	利源精制	14 利源债	资金周转困难
2018 年 9 月	刚泰集团	17 刚泰 02	较高的股票质押和受限比例，流动性紧张，财富创造能力弱

发生日期	发行人	代表债券	原因简析
2018 年 9 月	众品食业	16 众品 02	流动资产质量恶化，须加强流动资产的审核
2018 年 9 月	飞马投资	16 飞投 01	资金周转困难
2018 年 9 月	华阳经贸	15 华阳经贸 MTN001	公司企业性质存在疑虑，贸促会对发行人的支持力度可能有限
2018 年 10 月	盛运环保	18 盛运环保 SCP001	经营低迷，债务逾期面临多起诉讼，实控人持股及银行账户遭受冻结
2018 年 10 月	大连金玛	17 金玛 03	资金周转困难，再融资能力弱
2018 年 10 月	华业资本	17 华业资本 CP001	应收账款逾期对公司正常生产经营产生了不良影响

表 7.6　2019 年以来新增违约主体违约情况简析

发生日期	发行人	代表债券	原因分析
2019 年 1 月	康得新	18 康得新 SCP001	财务造假（货币资金）的嫌疑，存在股东违规隐匿侵占问题，存贷双高，股权质押比例长期处于高位，主营业务盈利能力较强，但资本性支出规模较大
2019 年 1 月	河南众品	16 众品 02	资金紧张，受生猪养殖疫情影响导致盈利大幅下滑
2019 年 1 月	宁宝塔	14 宁宝塔 MTNO01	流动性资金紧张，票据业务涉嫌违法犯罪，实际控制人受刑事调查
2019 年 1 月	国购集团	16 国购 01	现金流短缺、筹融资渠道受限，已出现信托借款逾期和债券偿付风险事件

发生日期	发行人	代表债券	原因分析
2019 年 2 月	东方园林	18 东方园林 CP002	业绩下降、前期投资大量 PPP 项目，债务集中到期，流动性资金紧张
2019 年 3 月	秋林集团	16 秋林 01	报表信息披露不完善，真实性存疑，实际控制人风险：违规使用公司印章、非法挪用公司债资金用途
2019 年 3 月	东方金钰	17 金钰债	经营投资战略激进、负债结构不合理，导致流动性资金紧张
2019 年 3 月	胜通集团	16 胜通 MTN001	大量银行借款为不良，且有恶化趋势，区域内担保圈风险隐患巨大，企业财务状况持续恶化，已被法院裁定进入破产重整程序
2019 年 3 月	三胞集团	12 三胞债	经营不善导致流动资金紧张，上市子公司南京新街口百货商店和宏图高科及相关公司股份被冻结，三胞集团上市子公司股权几乎全部质押，导致资产流动性降低
2019 年 3 月	庞大集团	16 庞大 03	控股股东股权质押比例高，流动性长期承压，流动性资金紧张，2018 年出现大额预亏损
2019 年 3 月	天翔环境	16 天翔 01	自转型后，经营投资战略推行不顺，收购国贝尔芬格水处理技术有限公司，前期投入巨额资金，但因实控人债务纠纷导致相关股份被冻结，资金紧张
2019 年 4 月	中民投	16 民生投资 PPN002	存在并购导致的合表盈利下降，流动性资金紧张
2019 年 4 月	天宝食品	17 天宝 01	信息披露不完善，未及时披露担保风险及资金受限情况，实际控制人未经公司登记程序，私自使用公司印章

发生日期	发行人	代表债券	原因分析
2019 年 4 月	维和药业，普尔顿等	13 云中小债	前期已有代偿，公司人事变动
2019 年 4 月	中信国安	15 中信国安 MTNO01	盈利质量差，快速扩张导致资金需求极大，对债务融资依赖很高，不断加杠杆，导致债务压力激增，对外担保、受限资产、股权质押
2019 年 5 月	金洲慈航	17 金洲 01	业绩巨额亏损、重组生变、高管出走，账上天然货币黄金数量无法确认
2019 年 6 月	腾邦集团	17 腾邦 01	主营业务萎缩，企业负债率高，股权被质押，存在被动减持情况，且所持大部分股份被司法冻结及轮候冻结
2019 年 6 月	丰盛集团	17 丰盛 02	对外担保比例较高、资金频繁往来，合并范围变化较大，关联方交易较多，流动性紧张，整体融资成本较高
2019 年 6 月	北讯集团	18 北讯 03	流动性资金紧张，借壳上市后进入通信行业，资本性支出规模大，2018 年 8 月以来公司出现多笔债务逾期和资产冻结，控股股东股权质押比例长期居高，此前已发生可交换债违约
2019 年 7 月	大富配天投资	16 配投 01	公司营收下降，所持 5.69 亿股司法轮候冻结，超过其实际持有上市公司股份数
2019 年 7 月	精功集团	18 精功 SCP003	受宏观去杠杆等多重因素影响，资金出现流动性困难，持有的会稽山、精功科技股份几乎全被质押

续表

发生日期	发行人	代表债券	原因分析
2019 年 7 月	安徽外经	16 皖经 02	公司融资环境持续恶化，主要资产和业务都在海外，资金汇回国内受限，国内资产存在重大不确定性，财务有造假的嫌疑（虚增利润），流动性资金紧张

7.5.4　整合的风险

浙江恒逸集团有限公司整合的风险主要包括两部分：一是并购化纤产能的整合风险，二是并购金融机构的整合风险。相比而言，被并购的化纤企业仍属于化纤行业，集团有人力、技术等方面的支撑，因此，这两种整合风险中并购金融机构的整合风险会更大。浙江恒逸集团有限公司属于实体经济行业，而金融行业属于虚拟经济行业，两类企业经营管理有较大的不同。一是假如浙江恒逸集团有限公司参控股金融机构，没有以"以融促产"作为企业产融结合的发展理念，集团和被参控股的金融机构将很难实现化纤产业和金融行业的协同效应。二是企业文化冲突风险。作为实体企业的浙江恒逸集团有限公司和金融机构在企业文化上有很大的不同，即使是商业银行、基金、证券、保险、信托等不同的金融机构，企业文化也有较大的区别。三是人力资源整合风险。作为化纤行业一员的浙江恒逸集团有限公司，整合被并购的化纤企业相对比较容易。然而金融机构对人力资源的要求相对较高，金融业务与实体企业也有很大不同，虽然集团内部也有相关的金融类人才，但与金融机构的要求还是有很大的不同。

7.6 浙江恒逸集团有限公司产融结合的效果

近年来，浙江恒逸集团有限公司进行产融结合取得了较好的效果。一是浙江恒逸集团有限公司化纤产能由2016年的近400万吨提高到2018年的近800万吨，行业地位明显提升，已成为全球最大的化纤生产商之一。二是浙江恒逸集团有限公司通过产融结合，全面推进数字化、信息化、智能化平台建设，集成内部管理与外部服务，打造一流化纤产业互联网平台，提高了企业的核心竞争力。浙江恒逸集团有限公司在总资产、所有者权益、营业收入、利润总额等指标有大幅度的提升。浙江恒逸集团有限公司总资产由2016年的379.59亿元上升至2018年的775.86亿元，所有者权益由2016年的145.47亿元上升至2018年的236.93亿元，营业收入由2016年的338.26亿元上升至2018年的940.56亿元，利润总额由2016年的7.07亿元上升至2018年的20.18亿元。详见表7.7。

表7.7　2016年至2018年浙江恒逸集团有限公司产融结合主要财务指标增长情况

财务指标	年度	金额（亿元）
总资产	2016	379.59
	2017	508.07
	2018	775.86
所有者权益	2016	145.47
	2017	198.72
	2018	236.93
营业收入	2016	338.26
	2017	725.14
	2018	940.56

财务指标	年度	金额（亿元）
	2016	7.07
利润总额	2017	16.02
	2018	20.18

7.7　浙江恒逸集团有限公司产融结合的建议

7.7.1　根据经济等外部环境的变化来调整企业产融结合战略

产融结合没有固定的模式、形式和实现路径，在实施过程中也不是一成不变的，需要根据内外部情况综合考虑，经济等外部环境和企业的行业地位、竞争优势、人力资源等都会影响企业产融结合战略。近年来，我国的宏观经济环境已经发生了很大的变化，如金融稳杠杆等，因此，过高杠杆的产融结合方式已不适合。化纤行业已形成了六大民营企业的竞争格局，继续通过并购基金的方式进行产融结合的空间有限。浙江恒逸集团有限公司作为化纤产业龙头企业，具有大量的优质客户，产融结合逐步向供应链金融延伸。

7.7.2　企业产融结合要坚持产业导向，由产到融，以融促产

实体经济是一国经济的立身之本、财富之源，经济发展任何时候都不能脱实向虚。企业成功产融结合的核心是实体企业通过产融结合创造了价值。通过产融结合，如果实体企业无法创造价值，产融结合就失去了根基。浙江恒逸集团有限公司的产业战略是专注实体经济，深耕石化产业，厚植化纤业务。通过实施产融结合，加大上游炼化海外投资，加快下

游化纤国内并购，推进企业数字化改造升级，实现浙江恒逸集团有限公司由产到融、以融促产的产融结合发展格局。

7.7.3　防范企业产融结合的风险

严守资金安全底线，加强集团投融资管理是关键。顺应国家金融强监管、稳杠杆的宏观环境。在企业融资约束明显加大的背景下，浙江恒逸集团有限公司以金融去杠杆为中心思想，进一步加强集团投融资管理。在投资管理方面，在确保集团资金流动性的前提下，坚持实体，立足石油化纤主业，以巩固、优化和提升石油化纤主营业务竞争力为投资方向，做大做强石油化纤产业链。集团退出了辅业，严审新增辅业投资，加快处置辅业资产，促使了投资资金回流，增加了集团流动性安全。在融资管理方面，浙江恒逸集团有限公司以稳杠杆、去杠杆为中心思想，具体从"降债务、调结构、促回流和备头寸"四个方面开展。从降低债务总规模、降低债券融资规模、降低股票质押融资规模、降低结构化融资规模等方面降低集团整体债务。以长债换短债、债券融资换结构化融资、上市公司债务替换集团公司债务来调结构，以加快辅业资产处置、催收对外拆借资金、杜绝新增辅业投资、拆借资金和对外担保来促回流。加强集团日常流动资金管理，建立备用资金池。

7.7.4　设立财务公司，提高集团资金管理效率

浙江恒逸集团有限公司设立财务公司一是可以调剂集团资金余缺。2019 年年底，浙江恒逸集团有限公司总资产超过 1 000 亿元，工业总产值和销售收入均突破 2000 亿元。集团连年跻身中国企业 500 强、中国民营企业 500 强，实现了"跨地区、跨所有制、跨国界"的三大发展跨越。集团下属各级子公司有数十家，下属各级子公司账户分散开立于不同的商业银行，单从每一个商业银行账户来看，沉淀的资金规模可能并不大，但

是，从整个浙江恒逸集团有限公司来看，沉淀的资金规模是很大的。近年来，随着浙江恒逸集团有限公司的不断发展与扩张，沉淀的资金规模越来越大。若集团设立了自己的财务公司，调剂集团资金余缺就有了平台，浙江恒逸集团有限公司的整体效益就会有较大的提升。二是可以进行集团资金管控。浙江恒逸集团有限公司通过财务公司进行资金集中管控之后，财务公司可以通过自己的资金集中管控平台，实时、动态地监测到整个集团各级子公司的资金收支情况，随时掌握整个集团各子公司的资金流动性等情况。三是有利于浙江恒逸集团有限公司融资，降低集团资金使用成本。浙江恒逸集团有限公司制定了通过若干年时间，力争工业产值达到 5 000 亿元的发展战略，要实现集团发展战略，融资以及融资成本是关键。财务公司作为非银行金融机构，可以为集团各子公司提供融资顾问、委托贷款与委托投资、成员单位非金融企业债券的承销等金融服务。财务公司具有金融企业的各种融资资质，可以进行同业拆借和发行金融企业债。作为金融机构的一员，财务公司在存贷款利率和手续费率上可以得到更多的优惠，集团融资的能力得到加强。

7.7.5 买入其他金融机构股权，为产融结合提供平台

浙江恒逸集团有限公司产融结合可持有金融股权除了银行和财务公司之外，还涉及的主要金融机构有信托公司、融资租赁公司、期货公司、证券公司等。这些金融机构各具特色，也可为浙江恒逸集团有限公司产融结合提供平台。如集团具有相应的财务实力，同时在国家政策允许的情况下，买入这些金融机构的股权，为集团产融结合提供平台支持。如信托公司在浙江恒逸集团有限公司产融结合中可以为集团拓宽融资来源、协助集团实施并购、设立信托计划等提供平台。

第八章

海航集团有限公司产融结合案例

8.1　海航集团有限公司简介

1989 年 9 月，海南省人民政府批准成立海南省航空公司，1993 年 5 月，海南省航空公司正式开航运营。海航集团有限公司自成立以来，从单一的地方航空运输企业发展成为以航空旅游、现代物流、现代金融服务为三大支柱的大型跨国企业集团。集团凭借"敢闯敢试、敢为人先、埋头苦干"的特区精神，在中国民航改革开放领域创下数个第一，取得骄人的成绩，也在不断深化改革的红利中崛起为大型航空产业集团。截至 2017 年年底，海航集团有限公司年度总收入近 7 000 亿元人民币，总资产逾15 000亿元人民币，参控股境内外上市公司 33 家（含新三板），运营管理飞机逾1 187架，国内外航线数量逾2 300 条。2017 年海航集团跃居世界 500 强榜单第 170 位，是中国第四大航空公司。2018 年，受全球宏观经济的负面影响，海航集团有限公司高杠杆危机爆发。2021 年 3 月，海南省高级人民法院裁定对海航集团有限公司进行实质合并重整。2021 年 12 月 8 日，海航集团有限公司航空主业的经营管理实际控制权正式移交至战略投资者辽宁方大集团实业有限公司。

8.2　海航集团有限公司产融结合的历程

第一阶段：初期阶段的产融结合

海航集团有限公司初期阶段的产融结合以银行贷款、引入基金等其他股东资金投入、公司上市、发行债券等为主。代表性产融结合事项有：(1) 海航集团有限公司敏锐地捕捉到国家体改委将海南省作为首批股份制试点省份的机遇，向政府申请了股份制改造。1993 年，集团股份制改造，以"内联股份制"的融资模式募集资金 2.5 亿元，成为全国第一家股份制航空企业；(2) 1994 年，通过融资租赁的方式向银行贷款 6 亿元，买下 2 架波音 737，集团通过融资租赁的方式，实现了飞机扩容的过程；(3) 1995 年，引入索罗斯旗下的基金，募集外资股 2 500 万美元，索罗斯旗下的基金占股比例为 25%。自此集团成了当时中国第一家中外合资的航空公司。索罗斯旗下的基金的投资，不仅为集团带来了国外资金，并且提高了集团在国内外的知名度，这对海航集团有限公司后续融资也很有帮助；(4) 1997 年 6 月 26 日，海航集团有限公司在上海证券交易所挂牌上市 7 100 万股"海航 B 股"，每股发行价为 0.47 美元，募集资金 2.55 亿元；(5) 1998 年，在美国先后发行多次企业债券。

第二阶段：并购扩展期的产融结合

海航集团有限公司并购扩展期的产融结合主要采用杠杆式并购扩张，其中最常用的模式就是贷款→并购→做大业绩规模→形成更大贷款能力→再并购。产融结合过程主要有：(1) 进入 2000 年之后，中国民航局决定将其直属的多家航空公司整合为中国国际航空公司、东方航空公司和南方航空公司。三大航空公司成立后，对海航集团有限公司等一些规模较小的航空公司形成极大的威胁。为防止被并购，2000 年至 2002 年，海航集团有限公司重组长安航空、新华航空、陕西航空等航空公司。此后海航集团打破了由国航、南航和东航三大民航集团主导的中国民航市场格局，也彻底摆脱了被并购的危险；（2）2003 年，"非典"疫情让全国航空产业受到严重打击，各大航空公司都发生了巨额亏损。为了能生存下去，海航集团有限公司开始实行多元化战略，围绕航空产业链的机场、旅游、酒店、商业、物流、航空租赁等领域展开并购。截至 2015 年年底，海航集团有限公司控股 21 家不同行业的公司，包括海航科技集团有限公司、资产管理公司、旅游公司、航运公司等，为集团创造了不错的收益。海航集团子公司海航科技公司在 2015 年实现营业收入 85.1 亿元，净利润 3.2 亿元；海航旅游集团有限公司 2015 年营业收入为 300 亿元，净利润 4.5 亿元；海航资本集团有限公司在 2015 实现营业收入 145 亿元，净利润达到 23 亿元，具体见表 8.1。海航集团有限公司通过不断的融资和并购，企业规模也迅速扩大。

表 8.1　海航集团有限公司参控股企业概况　　　　单位：亿元

序号	参控公司	参控关系	直接持股比例（%）	注册资本	营业收入	净利润	总资产	总负债
1	海航科技集团有限公司	子公司	99.9	235.0	85.1	3.2	337.5	84.4
2	海航资产管理集团有限公司	子公司	100.0	218.6	49.1	8.2	676.5	528.3
3	海航航空集团有限公司	子公司	82.4	170.0	136.9	7.4	743.9	502.0
4	海航集团（国际）有限公司	子公司	91.1	169.8	29.1	4.5	408.8	192.6

续表

序号	参控公司	参控关系	直接持股比例（%）	注册资本	营业收入	净利润	总资产	总负债
5	海航旅游集团有限公司	子公司	100.0	165.0	300.0	4.5	711.3	496.6
6	海航资本集团有限公司	子公司	100.0	154.0	145.3	23.0	2,372.4	1,853.3
7	海航实业集团有限公司	子公司	100.0	135.8	113.5	10.5	1,092.4	927.0
8	三亚新机场投资建设有限公司	子公司	100.0	115.0	0	0.1	131.7	12.4
9	海航集团财务有限公司	子公司	60.2	80.0	8.1	3.6	360.4	248.3
10	海航商业控股有限公司	子公司	96.9	71.0	92.8	3.3	267.2	165.0
11	大集控股有限公司	子公司	77.0	28.2	1.5	-1.0	72.1	48.0
12	海航集团北方总部（天津）有限公司	子公司	100.0	22.8	0	0.0	34.8	12.7
13	海航集团华南总部有限公司	子公司	100.0	15.0	0	-0.1	16.7	15.8
14	海航文化控股集团有限公司	子公司	100.0	13.0	0	-0.2	3.5	2.4
15	海航集团有限公司	子公司	100.0	6.0	0	0	12.0	6.0
16	吉林省旅游集团有限责任公司	子公司	100.0	6.0	1.6	-1.0	46.3	46.2
17	海航投资控股有限公司	子公司	100.0	5.0	0.1	0.5	181.2	115.6
18	海航速运投资（上海）有限公司	子公司	100.0	3.0	0	-0.1	5.7	2.9

续表

序号	参控公司	参控关系	直接持股比例（%）	注册资本	营业收入	净利润	总资产	总负债
19	天津燕山投资管理有限公司	子公司	90.0	1.0	0.6	0.3	2.7	0.1
20	易航科技股份有限公司	子公司	33.4	0.6	5.9	0.7	9.8	5.3
21	海航集团（香港）投资有限公司	子公司	100.0	0.2	0	-1.5	66.1	60.3

第三阶段：资本运营期的产融结合

海航集团有限公司资本运营期的产融结合是设立海航资本集团有限公司作为海航集团有限公司资本运营平台。海航资本集团有限公司是一家综合性投资控股企业，自 2007 年 5 月 16 日成立以来，以资本运营为核心，以实现资本价值最大化为目标，打造以租赁行业为支柱产业，兼营投资管理、投资咨询、保理等业务的多元化运营模式。公司经过创业阶段、品牌创立阶段、重组合并拓展阶段的发展，初步打造成了以渤海租赁、长江租赁、扬子江租赁、大新华船舶租赁为基础的租赁产业平台。租赁业务涉及航空设备租赁、基础设施租赁、船舶租赁等多个业务领域，在租赁行业拥有较强的市场地位。在海航资本集团有限公司成立之后，海航集团金融板块逐渐发展壮大，海航资本集团有限公司的独立性也越来越强，海航集团逐步拿到了财务公司、证券、租赁、信托、投资银行、银行、基金等一系列的金融行业牌照。获取多达 8 家主板上市公司控制权，通过市值管理的经营理念，实现并购→做大业绩规模→做大市值→形成更大融资能力→再并购的循环，助力海航集团有限公司产业跨越式发展。2008 年全球金融危机后，利用中央 4 万亿投资拉动，金融机构流动性充裕的机遇迅速扩张，海航集团有限公司运用海航资本集团有限公司作为资本运营平台进行

全球布局，形成航空、旅游、商业、地产、物流、实业、机场、酒店八大
板块。在海航集团有限公司出现流动性危机之前，海航资本集团有限公司
的资产、负债、所有者权益、营业总收入等财务指标出现大幅增长。海航
资本集团有限公司的营业总收入从 2011 年到 2018 年持续增长。2011 年海
航资本集团有限公司的营业总收入只有 25.4 亿元，而 2018 年营业总收入
达到 444 亿元，是 2011 年的 17 倍，其中 2016 年是营业收入增长最快的一
年，营业总收入增长了 119.8%，达到 319 亿。营业利润总体呈上涨趋
势，但在 2018 年和 2017 年有所下滑。2018 年营业利润 30.2 亿元，同比下
降 13.9%。净利润与营业利润趋势接近一致，总体上涨，但在 2017 年略有
下降。从资产规模看，海航资本集团有限公司 2018 年总资产为 3 908.3 亿
元，同比下降了 11.5%，但总资产整体都呈上升趋势，2018 年总资产是
2011 年 6.68 倍，主要原因是债务的增加。通过水平分析可以看出海航资
本集团有限公司 2016 年资产规模显著增加，较 2015 年增加了 47.5%，增
长额为 1 122.6 亿元。总资产中，2018 年固定资产为 1 820 亿元是 2011 年
的 371.43 倍，2018 年流动资产为 1 067.8 亿元，同比增长 15.89%，是
2011 年的 4.91 倍。负债和所有者权益中，2018 年负债总额达到 2 963.2 亿
元，同比下降 11.7%，而流动负债在 2018 年为 946.7 亿元，非流动负债为
2 016.5 亿元，表明海航资本集团有限公司在使用负债资金时，主要以长期
资金为主。股东权益 2018 年略有下降，2016 年到 2017 年变化不大。具体
见表 8.2。

表 8.2　海航资本集团有限公司各年主要财务指标　（单位：亿元）

	2018 年	2017 年	2016 年	2015 年	2014 年	2013 年	2012 年	2011 年
营业总收入	444.0	391.3	319.4	145.3	121.4	96.8	44.8	25.4
同比（%）	13.5	22.5	119.8	19.5	25.3	116.1	26.3	109.4
营业总成本	441.5	396.9	312.1	138.8	110.4	80.3	35.2	18.8

	2018 年	2017 年	2016 年	2015 年	2014 年	2013 年	2012 年	2011 年
营业利润	30.2	35.1	40.9	26.4	21.6	17.3	10.6	8.9
同比（%）	-13.9	-14.2	54.9	20.6	24.6	63.6	-0.4	81.5
利润总额	30.0	35.5	43.9	29.1	22.9	19.1	11.9	9.4
同比（%）	-15.6	-19.2	51.2	25.4	19.5	61.4	6.9	68.6
净利润	25.6	21.6	36.7	23.0	16.3	14.5	8.3	7.1
流动资产	1 067.8	921.4	850.0	942.9	433.8	356.9	130.9	217.4
固定资产	1 820.0	1 803.2	1 173.0	601.3	394.8	310.0	115.3	4.9
长期股权投资	204.2	147.9	152.4	47.3	43.3	59.1	57.5	43.6
资产总计	3 908.3	4 416.9	3 495.0	2 372.4	1 479.5	1 175.6	697.5	585.2
同比（%）	-11.5	26.4	47.5	60.0	25.9	68.5	3.9	51.1
流动负债	946.7	1 005.2	767.9	719.1	449.4	329.1	148.4	173.6
非流动负债	2 016.5	2 350.1	1 664.6	1 134.2	726.7	607.9	371.9	252.2
负债合计	2 963.2	3 355.3	2 432.5	1 853.3	1 176.2	937.0	520.3	425.8
同比（%）	-11.7	37.9	31.3	57.6	25.5	80.1	22.2	48.7
股东权益	945.1	1 061.6	1 062.5	519.1	303.4	238.6	177.3	159.4

8.3　海航集团有限公司产融结合危机的原因分析

8.3.1　实体经济去杠杆政策和海航集团有限公司的加杠杆

2009 年年初，我国实体经济杠杆率快速上升，2015 年年底，中央经济工作会议提出去杠杆的任务，然而，2016 年我国实体经济杠杆率仍上升了 11.3 个百分点，去杠杆未见成效（详见表 8.3 我国各部门宏观杠杆率）。

2017 年上半年，海航集团有限公司依旧在加杠杆并购，包括 22 亿美元收购曼哈顿公园大道 245 号大楼，近 8 亿美元收购嘉能可石油存储和物流业务 51% 股权，以及分批收购德银股份成为其最大股东等。2017 年 6 月，中国银监会要求各大银行排查海航集团有限公司等大型企业海外并购的授信及风险，这成了海航集团有限公司出现流动性危机的导火线。

表 8.3　我国各部门宏观杠杆率

时间	我国非金融企业部门杠杆率	我国实体经济部门杠杆率	我国政府部门杠杆率
2007 年 3 月	100.50	144.70	25.80
2007 年 6 月	100.80	145.50	25.80
2007 年 9 月	99.20	146.40	27.80
2007 年 12 月	96.10	145.00	30.10
2008 年 3 月	97.70	145.90	29.40
2008 年 6 月	97.30	144.50	28.60
2008 年 9 月	96.30	142.80	28.10
2008 年 12 月	95.20	141.20	28.10
2009 年 3 月	107.40	155.40	29.00
2009 年 6 月	115.00	166.60	31.00
2009 年 9 月	116.40	171.90	33.00
2009 年 12 月	115.60	173.00	33.90
2010 年 3 月	117.00	175.80	33.10
2010 年 6 月	118.10	178.10	33.20
2010 年 9 月	119.40	180.00	33.30
2010 年 12 月	120.60	180.80	32.90
2011 年 3 月	119.60	179.70	32.30

时间	我国非金融企业部门杠杆率	我国实体经济部门杠杆率	我国政府部门杠杆率
2011 年 6 月	119.40	179.70	32.10
2011 年 9 月	118.00	178.10	32.00
2011 年 12 月	118.20	177.70	31.60
2012 年 3 月	121.60	181.30	31.50
2012 年 6 月	124.70	184.80	31.40
2012 年 9 月	126.90	188.70	32.20
2012 年 12 月	128.30	190.60	32.30
2013 年 3 月	132.30	196.10	32.70
2013 年 6 月	134.10	200.30	33.80
2013 年 9 月	135.40	203.70	35.00
2013 年 12 月	136.10	205.40	35.80
2014 年 3 月	140.60	211.00	36.00
2014 年 6 月	143.80	215.80	36.80
2014 年 9 月	142.00	215.70	38.00
2014 年 12 月	142.40	217.20	38.80
2015 年 3 月	140.30	213.40	36.30
2015 年 6 月	149.30	221.40	34.40
2015 年 9 月	150.40	225.40	36.40
2015 年 12 月	151.40	227.50	36.90
2016 年 3 月	157.40	233.00	35.20
2016 年 6 月	156.90	235.80	36.80
2016 年 9 月	156.70	237.60	37.20
2016 年 12 月	157.50	238.80	36.60

续表

时间	我国非金融企业部门杠杆率	我国实体经济部门杠杆率	我国政府部门杠杆率
2017 年 3 月	160.70	241.60	34.90
2017 年 6 月	159.40	242.00	35.40
2017 年 9 月	157.90	242.40	36.10
2017 年 12 月	156.50	241.20	36.00
2018 年 3 月	156.90	241.80	35.30
2018 年 6 月	154.90	240.40	35.00
2018 年 9 月	152.80	240.80	36.40
2018 年 12 月	150.50	238.90	36.30
2019 年 3 月	154.70	244.90	37.00
2019 年 6 月	153.50	245.60	37.80
2019 年 9 月	152.60	246.50	38.60
2019 年 12 月	151.90	246.60	38.60
2020 年 3 月	162.10	260.90	40.80
2020 年 6 月	165.30	268.00	42.70
2020 年 9 月	164.80	271.70	45.10
2020 年 12 月	162.70	270.90	45.90
2021 年 3 月	161.70	268.60	44.70
2021 年 6 月	159.20	266.40	45.00
2021 年 9 月	157.70	266.00	45.90
2021 年 12 月	154.10	262.80	46.80
2022 年 3 月	158.20	267.30	47.30
2022 年 6 月	160.30	271.90	49.60
2022 年 9 月	161.00	272.90	49.80

时间	我国非金融企业 部门杠杆率	我国实体经济 部门杠杆率	我国政府部门 杠杆率
2022 年 12 月	160.90	273.20	50.40

8.3.2 新冠疫情对航空业的负面影响

2020 年年初新冠疫情重创我国民航业，我国民航客运量、我国民航货邮运输量都出现断崖式的下降，2020 年我国民航客运量为 4.18 亿人，同比下降 2.42 亿人，下降率为 39.6%，2020 年全国民航客运量还不到 2015 年水平。（详见表 8.4 我国民航客运量、货邮运输量情况）。2020 年突如其来的新冠疫情，加剧海航集团有限公司的流动性危机，进而成为压垮骆驼的最后一根稻草。

表 8.4 我国民航客运量、货邮运输量情况

指标名称	我国民航客运量： 当月值（亿人）	我国民航客运量： 当月同比（%）	我国民航货邮运输量： 当月值（万吨）
2017 年 1 月	0.44	17.60	56.51
2017 年 2 月	0.43	9.80	41.76
2017 年 3 月	0.44	13.80	58.90
2017 年 4 月	0.44	10.70	57.46
2017 年 5 月	0.45	15.30	59.86
2017 年 6 月	0.44	14.30	58.10
2017 年 7 月	0.49	11.40	54.80
2017 年 8 月	0.50	8.70	57.09
2017 年 9 月	0.47	11.50	64.41
2017 年 10 月	0.49	11.60	61.97
2017 年 11 月	0.46	17.00	66.69
2017 年 12 月	0.47	15.40	66.08

指标名称	我国民航客运量：当月值（亿人）	我国民航客运量：当月同比（％）	我国民航货邮运输量：当月值（万吨）
2018 年 1 月	0.46	5.70	63.89
2018 年 2 月	0.48	13.10	45.61
2018 年 3 月	0.51	15.90	61.53
2018 年 4 月	0.51	15.30	60.49
2018 年 5 月	0.50	11.40	62.60
2018 年 6 月	0.49	12.80	61.40
2018 年 7 月	0.54	10.60	59.08
2018 年 8 月	0.57	12.00	60.72
2018 年 9 月	0.50	7.90	66.27
2018 年 10 月	0.54	10.70	63.14
2018 年 11 月	0.50	7.70	66.14
2018 年 12 月	0.50	7.50	67.05
2019 年 1 月	0.53	14.90	67.00
2019 年 2 月	0.54	11.10	37.65
2019 年 3 月	0.54	4.00	63.10
2019 年 4 月	0.53	4.70	60.12
2019 年 5 月	0.55	8.70	62.41
2019 年 6 月	0.53	8.20	61.00
2019 年 7 月	0.59	10.20	62.00
2019 年 8 月	0.61	8.20	62.96
2019 年 9 月	0.55	8.90	69.01
2019 年 10 月	0.57	5.30	66.48
2019 年 11 月	0.53	6.00	69.95
2019 年 12 月	0.53	5.10	71.30
2020 年 1 月	0.51	−5.30	60.57
2020 年 2 月	0.08	−84.50	29.72

指标名称	我国民航客运量：当月值（亿人）	我国民航客运量：当月同比（%）	我国民航货邮运输量：当月值（万吨）
2020 年 3 月	0.15	-71.70	48.36
2020 年 4 月	0.17	-68.50	48.41
2020 年 5 月	0.26	-52.60	54.89
2020 年 6 月	0.31	-42.40	57.85
2020 年 7 月	0.39	-34.10	55.22
2020 年 8 月	0.46	-24.60	54.94
2020 年 9 月	0.48	-12.50	66.50
2020 年 10 月	0.50	-11.70	62.08
2020 年 11 月	0.44	-16.30	67.54
2020 年 12 月	0.42	-19.80	69.46

8.4 海航集团有限公司产融结合危机的后果

8.4.1 债券违约

由于实体经济去杠杆政策和海航集团有限公司的加杠杆及新冠疫情对航空业的负面影响，公司资金流动性不足，爆发财务危机。仅 2020 年 3 月至 2021 年 2 月，海航集团有限公司（含控股子公司）累计产生 17 只违约债券和 10 只展期债券，违约债券金额达到 232.9 亿元，展期债券 143.1 亿元（具体见表 8.5）。在 2021 年 2 月 24 日，海航集团有限公司的主体信用等级也由之前的 BB 级降为 C 级。

表8.5 海航集团有限公司部分债券违约情况

债券代码	违约日期	发行人	违约类型	最新状态	发行规模（亿元）
1680190. IB	2021-02-10	海航集团有限公司	提前到期未兑付	实质违约	20
139205. SH	2021-02-10	海航集团有限公司	提前到期未兑付	实质违约	18
139082. SH	2021-02-10	海航集团有限公司	提前到期未兑付	实质违约	20
1680331. IB	2021-02-10	海航集团有限公司	提前到期未兑付	实质违约	18
122071. SH	2021-02-10	海南航空控股股份有限公司	提前到期未兑付	实质违约	14.4
011902819. IB	2021-02-10	海南航空控股股份有限公司	提前到期未兑付	实质违约	10
101664005. IB	2021-02-10	海南航空控股股份有限公司	提前到期未兑付	实质违约	25
136946. SH	2021-02-10	海南航空控股股份有限公司	提前到期未兑付	实质违约	15
011901639. IB	2021-02-10	海南航空控股股份有限公司	提前到期未兑付	实质违约	7.5
101564049. IB	2021-02-10	海南航空控股股份有限公司	提前到期未兑付	实质违约	25
136934. SH	2021-02-10	海南航空控股股份有限公司	提前到期未兑付	实质违约	8
136956. SH	2021-02-10	海南航空控股股份有限公司	提前到期未兑付	实质违约	8
136901. SH	2021-02-10	海南航空控股股份有限公司	提前到期未兑付	实质违约	14
136960. SH	2021-02-10	海南航空控股股份有限公司	提前到期未兑付	实质违约	5

续表

债券代码	违约日期	发行人	违约类型	最新状态	发行规模（亿元）
112852. SZ	2021-01-25	海航航空集团有限公司	展期	展期	22.1
011901639. IB	2021-01-12	海南航空控股股份有限公司	展期	实质违约	7.5
127315. SH	2020-12-03	海航机场集团有限公司	展期	展期	8
1580287. IB	2020-12-03	海航机场集团有限公司	展期	展期	8
1580273. IB	2020-11-27	海航集团有限公司	展期	展期	30
127312. SH	2020-11-27	海航集团有限公司	展期	展期	30
011902819. IB	2020-08-25	海南航空控股股份有限公司	展期	实质违约	10
1480153. IB	2020-04-29	海航资本集团有限公司	展期	展期	8
124597. SH	2020-04-29	海航资本集团有限公司	展期	展期	8
011901639. IB	2020-04-17	海南航空控股股份有限公司	展期	实质违约	7.5
124286. SH	2020-04-15	海航集团有限公司	展期	展期	11.5
1380157. IB	2020-04-15	海航集团有限公司	展期	展期	11.5
1480069. IB	2020-03-25	海航酒店控股集团有限公司	展期	展期	6

8.4.2 财务急剧扩张到急剧恶化

对表 8.6 进行分析可以看出，海航集团有限公司资产规模从 2011 年到 2017 年持续扩张，2017 年资产总额为 12 319.4 亿元，较 2016 年增加

21.3%，主要是负债增加引起的。2016 年资产增长速度最快，增加了116.7%，而 2018 年总资产略有下降，下降幅度为 13.1%。海航集团有限公司在 2012—2018 年，负债总额持续增长，2018 年负债合计 7 552.7 亿元，占总资产的 70.56%，可以看出海航集团有限公司的规模扩大主要是通过增加债务的方式，为企业后期爆发的财务危机埋下了隐患。从经营绩效的角度上来看，海航集团有限公司营业收入从 2012 年至 2018 年是不断上涨的，尤其是 2017 年营业收入同比增长 203.8%，增长幅度较大。但2018 年营业收入增加了 4.1%，营业利润却下降了 94.9%，营业成本的增加速度超过了营业收入的增加。2018 年海航集团有限公司净利润为 -49 亿元，说明企业经营情况不佳，开始出现了亏损。

表 8.6　海航集团有限公司年度合并报表　　　（单位：亿元）

	2018 年	2017 年	2016 年	2015 年	2014 年	2013 年	2012 年
营业总收入	6 182.9	5 940.6	1 955.7	1 009.4	675.0	560.1	468.6
同比（%）	4.1	203.8	93.8	49.5	20.5	19.5	41.8
营业总成本	6 301.5	5 987.9	2 013.3	1 034.5	689.2	573.4	467.9
营业利润	5.6	108.7	52.6	23.7	29.1	15.3	15.1
同比（%）	-94.9	109.6	122.1	-18.8	90.2	1.4	13.2
利润总额	12.1	116.2	73.0	48.7	41.2	27.4	20.4
同比（%）	-89.6	59.2	49.8	18.3	50.4	34.5	26.5
净利润	-49.0	81.3	46.6	30.3	24.3	15.5	11.1
归属母公司股东的净利润	-19.4	26.3	14.6	8.1	5.6	4.8	3.0
同比（%）	-173.8	80.4	80.6	44.2	17.5	57.6	2.5
流动资产	3 814.8	4 364.5	3 764.8	1 925.4	1 274.9	951.7	717.7
固定资产	2 461.3	2 579.9	1 845.6	1 283.9	830.8	789.9	592.7

	2018 年	2017 年	2016 年	2015 年	2014 年	2013 年	2012 年
长期股权投资	579.5	848.9	467.9	287.8	236.3	197.2	194.5
资产总计	10 705.1	12 319.4	10 155.0	4 687.1	3 226.2	2 661.8	2 124.4
增长率（%）	−13.1	21.3	116.7	45.3	21.2	25.3	22.7
流动负债	3 454.8	2 963.6	2 472.8	1 418.3	971.1	832.9	703.0
非流动负债	4 097.9	4 401.5	3 562.0	2 118.7	1 523.6	1 258.7	970.9
负债合计	7 552.7	7 365.0	6 034.7	3 537.0	2 494.7	2 091.5	1 673.9
增长率（%）	2.6	22.0	70.6	41.8	19.3	25.0	21.5
股东权益	3 152.4	4 954.3	4 120.3	1 150.1	731.5	570.3	450.6
归属母公司股东的权益	800.9	884.0	847.2	225.1	192.0	192.3	136.2
增长率（%）	−9.4	4.3	276.3	17.2	−0.1	41.2	36.7

8.4.3 破产重组

2021 年 2 月，海南省高级人民法院裁定受理海航集团有限公司及下属上市公司和子公司重整，并在 3 月裁定对海航集团有限公司等 321 家公司实施实质合并重整，形成三家上市公司内部协同重整、非上市公司实质合并重整、上市公司与非上市公司共计 378 家公司同步重整、联动推进的模式。2022 年 4 月 24 日，海航集团有限公司官方宣布，海航集团有限公司等 321 家实质合并重整计划已经执行完毕并获得法院裁定确认。历时两年多的海航集团有限公司风险处置工作，终于落下帷幕。

8.5　重组后的最核心企业：海航控股

8.5.1　海航控股十大股东明细

重组后的最核心企业海航控股（600221）的第一大股东为海南方大航空发展有限公司（详见表8.7）。海南方大航空发展有限公司成立于2021年6月，实际控制人为辽宁方大集团实业有限公司。辽宁方大集团实业有限公司是一家以炭素、钢铁、医药、商业、航空五大板块为核心的跨行业、跨地区、多元化、具有较强国际竞争实力的大型企业集团。现旗下拥有方大炭素新材料科技股份有限公司（600516）、方大特钢科技股份有限公司（600507）、东北制药集团股份有限公司（000597）、中兴—沈阳商业大厦（集团）股份有限公司（000715）、海南航空控股股份有限公司（600221）五家大型上市公司和成都方大炭炭复合材料股份有限公司等四家新三板上市公司，两家大型钢铁联合企业——江西萍钢实业股份有限公司和四川省达州钢铁集团有限责任公司，一家大型机械制造跨国企业——北方重工集团有限公司，一家大型商贸流通企业——天津一商集团有限公司，还有医药板块所属营口方大医院等多家医院。

表8.7　2022年9月海航控股十大股东明细

排名	股东名称	持股数量（股）	占总股本比例（%）	股本性质
1	海南方大航空发展有限公司	4 200 000 000	12.63	A股流通股
2	海南航空控股股份有限公司破产企业财产处置专用账户	4 060 004 039	12.21	A股流通股

排名	股东名称	持股数量（股）	占总股本比例（%）	股本性质
3	大新华航空有限公司	3 305 200 000	9.94	A股流通股
4	国家开发银行	896 001 078	2.70	A股流通股
5	海南幸运国旅包机有限公司	662 000 000	1.99	A股流通股
6	中国建设银行股份有限公司	656 574 980	1.98	A股流通股
7	海航集团有限公司	593 941 394	1.79	A股流通股
8	海南瀚巍投资有限公司	574 028 176	1.73	A股流通股
9	霍尔果斯航能商务服务有限公司	517 671 098	1.56	A股流通股
10	中国进出口银行海南省分行	514 150 867	1.55	A股流通股
	合　计	15 979 571 632	48.08	

8.5.2　海航控股财务分析

（1）盈利能力分析

从表8.8海航控股2019年至2021年盈利指标可以看出，2020年因疫情冲击和债务问题，海航控股出现亏损，销售净利率为-233.81%，销售毛利率为-41.13%，说明企业盈利性较差，经营状况恶化。从过去的财务数据来看，海航控股营业成本增长速度基本高于营业收入增长速度，因此过高的营业成本是航海毛利率下降的主要原因。从财务费用占营业收入比重来看，2020年达到20.84%，企业要支付大量的利息费用，不仅对利润产生了影响，也给企业带来非常大的财务偿付压力。海航控股2019年至2020年资产报酬率整体是下降的，2020年资产报酬率下降到-34.91%，说明企业的资产利用效率较低。

表 8.8　海航控股 2019 年至 2021 年盈利指标

盈利能力指标	2021-12-31	2020-12-31	2019-12-31
总资产报酬率（％）	4.41	-34.91	2.94
投入资本回报率（％）	5.73	-45.26	2.51
人力投入回报率（ROP）（％）	55.28	-915.61	101.13
销售净利率（％）	11.90	-233.81	1.04
销售毛利率（％）	-25.84	-41.13	7.42
销售成本率（％）	125.84	141.13	92.58
销售期间费用率（％）	9.33	30.90	13.11
净利润/营业总收入	11.90	-233.81	1.04
营业利润/营业总收入（％）	10.34	-243.36	1.14
息税前利润/营业总收入（％）	19.95	-214.41	8.16
EBITDA/营业总收入（％）	57.19	-198.16	15.92
营业总成本/营业总收入（％）	135.71	286.15	106.86
销售费用/营业总收入（％）	3.83	5.53	3.36
管理费用/营业总收入（％）	5.03	4.54	1.79
财务费用/营业总收入（％）	0.46	20.84	7.96
研发费用/营业总收入（％）	0.27	0.40	0.05

（2）偿债能力分析

从表 8.9 海航控股 2019 年至 2021 年偿债能力指标可以看出，海航控股资产负债率在 2021 年为 92.34%，虽然相较于 2020 年 113.52% 有所下降，但总体水平还是过高。一般来说，企业资产负债率在 40%～60% 之间，70% 视为警戒线，而海航控股近两年资产负债率都远超过 70%，说明海航控股目前的偿债压力是非常大的。从短期偿债能力来看，海航控股流动比率 2019 年和 2020 年分别为 0.42 和 0.37，说明短期偿债能力较弱。而 2021 年虽然有所上升为 1.3，但一般流动比率在 2 是较合适的。上述分析说明海航控股流动资金短缺，偿债压力较大。

表 8.9 海航控股 2019 年至 2021 年偿债能力指标

偿债能力指标	2021-12-31	2020-12-31	2019-12-31
资产负债率（%）	92.34	113.52	68.40
长期资本负债率（%）	92.79	-39.02	21.37
流动比率	1.30	0.37	0.42
速动比率	1.23	0.36	0.41
现金比率	0.61	0.07	0.25
已获利息倍数（EBIT/利息费用）	2.48	-7.63	1.22
长期负债占比	36.85	0.03	1.82
EBITDA/利息费用	7.11	-7.05	2.38

（3）成长能力分析

从表 8.10 海航控股 2019 年至 2021 年成长能力指标可以看出，海航控股 2019 年至 2021 年营业总收入增长率、营业利润增长率和每股收益增长率是有很大波动的。2020 年受到疫情影响最大，营业总收入产生负增长为-59.38%，2021 年营业总收入同比增长 15.65%，总体来看，海航控股的成长能力较弱且不稳定。

表 8.10 海航控股 2019 年至 2021 年成长能力指标

成长能力指标	2021-12-31	2020-12-31	2019-12-31
基本每股收益（%）	106.78	-48 025.00	103.48
稀释每股收益（%）	106.78	-48 025.00	103.48
每股经营活动产生的现金流量净额（%）	167.77	-103.68	48.86
营业总收入同比增长率（%）	15.65	-59.38	6.83

续表

成长能力指标	2021-12-31	2020-12-31	2019-12-31
营业收入同比增长率（%）	15.65	-59.38	6.83
营业利润（%）	104.91	-9 065.79	116.21
利润总额（%）	105.68	-6 960.25	121.43
归属母公司股东的净利润（%）	107.38	-12 431.16	115.12
归属母公司股东的扣除非经常损益净利润（%）	80.79	-2 252.66	42.04
经营活动产生的现金流量净额（%）	233.83	-103.69	48.87
每股净资产（%）	115.13	-160.37	-2.94
归属母公司的股东权益（%）	129.92	-155.09	-2.53

总的来看，海航控股由于流动性危机带来的问题，整体财务状况仍然令人担忧。辽宁方大集团实业有限公司参与重组和注资后，海航控股财务状况有所好转。

8.6 海航集团有限公司产融结合的启示

（1）产融结合是企业实现迅速发展的重要途径之一。据统计，在世界500强企业中，有80%以上企业都成功地进行了产融结合。海航集团有限公司迎来高光时刻是在2016年，这一年海航集团有限公司发挥出资本高手的本色，频频在全球发起资产收购，包括60亿美元收购美国科技公司英迈，以及65亿美元收购希尔顿集团约25%的股份。2016年末，海航集团有限公司总资产首次破万亿。

（2）产融结合必须以服务产业发展为基础。对于实体企业，产融结合必须以服务产业发展为基础，由产到融，以融促产。海航集团有限公司的案例表明，产融结合要适中，要紧紧围绕服务企业自身的实体经济主业，不能盲目过度搞企业金融化。

（3）产融结合战略要与外部市场环境相适应。海航集团有限公司并购最快的时期是在全球金融危机后中央推出 4 万亿投资计划和金融机构流动性充裕的时期，处置国内外资产则是在国家去杠杆的时期。2015 年 12 月 16 日之后，美联储处在加息周期，增加了企业的融资成本。突发的新冠疫情，加剧海航集团有限公司的流动性危机，进而成为压垮骆驼的最后一根稻草。

（4）产融结合是一把"双刃剑"。海航集团有限公司从大规模高杠杆并购到国内外资产处置降低杠杆。产融结合促进海航跨越式发展，也给企业带来很大的风险。海航集团有限公司陷入危机，罪魁祸首是疯狂的高杠杆并购。

第九章

研究总结及展望

9.1　研究总结

经过以上研究，本书得出如下主要结论：

（1）企业产融结合对企业科技创新投入具有抑制作用，这一作用在国有企业中尤为显著。高管外部薪酬差距正向影响企业科技创新投入，在产融结合与企业科技创新投入之间发挥调节作用，即高管外部薪酬差距会增强产融结合对企业科技创新投入的负面影响。因此，企业应重视高管团队，通过提高薪酬激励效果以降低产融结合对企业科技创新投入的负面影响。国有企业在产融结合过程中应平衡产业资本和金融资本以实现业务、战略和资本的高效协同。

（2）企业产融结合会降低企业业绩，这一负效应对国有企业尤为显著；融资约束在企业产融结合后得到缓解，并且其在产融结合对企业业绩的负效应中发挥部分中介作用。研究表明我国产融结合给企业带来的整体经济效应并不高，须逐步健全金融体系，使金融体系与实体经济体系衔接成闭环与联动体，随着我国产融结合的推广和完善，逐步凸显其对经济增长的各种直接作用和间接作用。

（3）企业产融结合是浙江恒逸集团有限公司发展到一定阶段的产物，是其实现做大做强的必然选择。浙江恒逸集团有限公司产融结合坚持根据经济等外部环境的变化来调整集团产融结合战略，以石油化纤产业为导向，做到由产到融，以融促产；设立或参股商业银行，平滑公司利润；适时设立财务公司，提高集团资金管理效率；运用并购基金进行企业并购，实现浙江恒逸集团有限公司产能扩张并做好并购整合；将市值管理摆在核心位置，为浙江恒逸集团有限公司资本运营提供支持；适时持有其他金融机构股权，为产融结合提供平台；做深化纤供应链金融，实现产业资本与金融资本的跨界融合。

（4）企业产融结合是实现企业迅速发展的重要途径之一。据统计，在世界500强企业中，有80%以上企业都成功地进行了产融结合。如海航集团就是通过实施企业产融结合实现企业迅速发展，实现从一家地方小航空公司到世界500强企业的跨越。

（5）企业产融结合是一把"双刃剑"，在促进企业跨越式发展的同时，也可能会给企业带来很大的风险。如产融结合促进海航集团跨越式发展的同时，也给企业带来很大的风险，导致企业破产，因此，企业产融结合需要注意防范风险。

（6）企业产融结合经济后果与外部市场环境息息相关。企业产融结合对企业科技创新投入具有促进作用或抑制作用，会提高或降低企业业绩。企业产融结合具体产生哪种经济后果，与外部市场环境息息相关。如2008年全球金融危机后各国实施积极的财政政策和宽松的货币政策，企业产融结合有利于企业提高业绩。2015年12月16日之后，美联储处在加息周期，叠加国家金融去杠杆、贸易战等，对于一些流动性不好的企业，企业产融结合会降低企业业绩。

9.2　研究展望

（1）本书的企业产融结合研究主要是企业持有商业银行、证券公司、保险公司、信托公司、私募股权投资基金、财务公司等金融机构的股权，后续的研究工作可以从企业与商业银行、证券公司、保险公司、信托公司、私募股权投资基金、财务公司等金融机构的互动视角来研究。

（2）扩大研究样本的范围。今后的研究可以对我国新三板、美国纳斯达克、香港资本市场的企业产融结合进行比较研究。分析不同地区和不同板块的企业产融结合是否会影响现有的研究结论。

（3）不同的经济环境、国际政治环境、制度环境等对企业产融结合会产生影响。随着我国全面注册制的推出，在新的环境下，企业产融结合是否需要与时俱进，还需要进一步研究。

附 录

附录 1　全国在 A 股上市的商业银行基本资料

商业银行名称	省份	注册资本（十亿元）	成立日期
平安银行	广东省	19.4059	1987 年 12 月 22 日
宁波银行	浙江省	6.6036	1997 年 4 月 10 日
江阴银行	江苏省	2.1720	2001 年 12 月 3 日
张家港行	江苏省	1.8080	2001 年 11 月 27 日
郑州银行	河南省	8.2655	1996 年 11 月 16 日
青岛银行	山东省	5.0386	1996 年 11 月 15 日
青农商行	山东省	5.5556	2012 年 6 月 26 日
苏州银行	江苏省	3.3334	2004 年 12 月 24 日
浦发银行	上海	29.3522	1992 年 10 月 19 日
华夏银行	北京	15.3872	1992 年 10 月 14 日
民生银行	北京	43.7824	1996 年 2 月 7 日
招商银行	广东省	25.2198	1987 年 3 月 31 日
无锡银行	江苏省	1.8617	2005 年 6 月 21 日
江苏银行	江苏省	14.7696	2007 年 1 月 22 日
杭州银行	浙江省	5.9303	1996 年 9 月 25 日

续表

商业银行名称	省份	注册资本（十亿元）	成立日期
西安银行	陕西省	4.4444	1997 年 6 月 6 日
南京银行	江苏省	10.0071	1996 年 2 月 6 日
渝农商行	重庆	11.3570	2008 年 6 月 27 日
常熟银行	江苏省	2.7409	2001 年 12 月 3 日
兴业银行	福建省	20.7742	1988 年 8 月 22 日
北京银行	北京	21.1430	1996 年 1 月 29 日
厦门银行	福建省	2.6391	1996 年 11 月 26 日
上海银行	上海	14.2066	1996 年 1 月 30 日
农业银行	北京	349.9830	1986 年 12 月 18 日
交通银行	上海	74.2627	1987 年 3 月 30 日
工商银行	北京	356.4063	1985 年 11 月 22 日
瑞丰银行	浙江省	1.5094	2005 年 1 月 28 日
长沙银行	湖南省	4.0216	1997 年 8 月 18 日
邮储银行	北京	86.9786	2007 年 3 月 6 日
齐鲁银行	山东省	4.5808	1996 年 6 月 5 日
光大银行	北京	54.0319	1992 年 6 月 18 日
沪农商行	上海	9.6444	2005 年 8 月 23 日
成都银行	四川省	3.6123	1997 年 5 月 8 日
紫金银行	江苏省	3.6610	2011 年 3 月 25 日
浙商银行	浙江省	21.2687	1993 年 4 月 16 日
建设银行	北京	250.0110	2004 年 9 月 17 日
重庆银行	重庆	3.4745	1996 年 9 月 2 日
中国银行	北京	294.3878	1983 年 10 月 31 日
贵阳银行	贵州省	3.6562	1997 年 4 月 9 日
中信银行	北京	48.9348	1987 年 4 月 20 日
苏农银行	江苏省	1.8031	2004 年 8 月 25 日

附录 2　全国财务公司基本资料

公司名称	省份	注册资本（亿元）	成立日期
中国大唐集团财务有限公司	北京	48.7	1984 年 11 月 28 日
深圳市有色金属财务有限公司	广东省	3	1985 年 8 月 7 日
中国重汽财务有限公司	山东省	30.5	1987 年 10 月 4 日
阳泉煤业集团财务有限责任公司	山西省	17.79	1988 年 1 月 23 日
一汽财务有限公司	吉林省	22	1988 年 3 月 2 日
中国铁建财务有限公司	北京	90	1988 年 4 月 8 日
中国电子财务有限责任公司	北京	17.51	1988 年 4 月 21 日
中国华电集团财务有限公司	北京	50	1988 年 5 月 10 日
中国华能财务有限责任公司	北京	50	1988 年 5 月 21 日
中国石化财务有限责任公司	北京	180	1988 年 7 月 8 日
东方电气集团财务有限公司	四川省	20.95	1988 年 8 月 24 日
国机财务有限责任公司	北京	15	1989 年 1 月 25 日
江苏华西集团财务有限公司	江苏省	5	1992 年 6 月 9 日
首都机场集团财务有限公司	北京	5	1992 年 6 月 22 日
东风汽车财务有限公司	湖北省	90	1992 年 7 月 30 日
国家电投集团财务有限公司	北京	60	1992 年 9 月 2 日
东方集团财务有限责任公司	黑龙江省	30	1992 年 9 月 18 日
京能集团财务有限公司	北京	30	1992 年 9 月 23 日
宝钢集团财务有限责任公司	上海	14	1992 年 10 月 6 日
国电财务有限公司	北京	50.5	1992 年 10 月 19 日
天津渤海集团财务有限责任公司	天津	10	1992 年 11 月 4 日

续表

公司名称	省份	注册资本（亿元）	成立日期
南方电网财务有限公司	广东省	70	1992 年 11 月 23 日
中冶集团财务有限公司	北京	18	1992 年 12 月 3 日
晋煤集团财务有限公司	山西省	10	1992 年 12 月 12 日
五矿集团财务有限责任公司	北京	35	1993 年 5 月 26 日
攀钢集团财务有限公司	四川省	15	1993 年 12 月 1 日
中国电力财务有限公司	北京	280	1993 年 12 月 18 日
江铃汽车集团财务有限公司	江西省	5	1993 年 12 月 29 日
海航集团财务有限公司	北京	80	1994 年 1 月 10 日
中远财务有限责任公司	北京	16	1994 年 2 月 23 日
华联财务有限责任公司	北京	25	1994 年 3 月 10 日
中国南动集团财务有限责任公司	湖南省	3	1994 年 4 月 4 日
上海汽车集团财务有限责任公司	上海	153.8	1994 年 4 月 15 日
武汉钢铁集团财务有限责任公司	湖北省	12	1994 年 5 月 11 日
中国航空集团财务有限责任公司	北京	11.28	1994 年 5 月 18 日
振华集团财务有限责任公司	贵州省	1.5	1994 年 6 月 19 日
珠海格力集团财务有限责任公司	广东省	15	1995 年 5 月 29 日
中国南航集团财务有限公司	广东省	13.78	1995 年 6 月 28 日
中建财务有限公司	北京	60	1995 年 9 月 19 日
潞安集团财务有限公司	山西省	23.5	1995 年 10 月 9 日
东航集团财务有限责任公司	上海	20	1995 年 12 月 6 日
中油财务有限责任公司	北京	83.31	1995 年 12 月 8 日
上海电气集团财务有限责任公司	上海	22	1995 年 12 月 12 日
中国能源建设集团财务有限公司	湖北省	30	1996 年 1 月 18 日
中国化工财务有限公司	北京	8.41	1996 年 5 月 14 日
山东省商业集团财务有限公司	山东省	10	1996 年 5 月 16 日
深圳能源财务有限公司	广东省	10	1996 年 6 月 5 日

续表

公司名称	省份	注册资本（亿元）	成立日期
中国一拖集团财务有限责任公司	河南省	5	1997 年 3 月 31 日
兵工财务有限责任公司	北京	31.7	1997 年 6 月 4 日
星明财务有限公司	上海	0.24	1997 年 6 月 11 日
中船财务有限责任公司	上海	30	1997 年 7 月 8 日
中核财务有限责任公司	北京	40.19	1997 年 7 月 21 日
中广核财务有限责任公司	广东省	26	1997 年 7 月 22 日
锦江国际集团财务有限责任公司	上海	5	1997 年 10 月 16 日
三峡财务有限责任公司	北京	50	1997 年 11 月 18 日
西门子财务服务有限责任公司	北京	8	1998 年 2 月 20 日
上海浦东发展集团财务有限责任公司	上海	10	1998 年 3 月 9 日
苏州创元集团财务有限公司	江苏省	3	1998 年 3 月 17 日
鞍钢集团财务有限责任公司	辽宁省	40	1998 年 4 月 2 日
冀中能源集团财务有限责任公司	河北省	20	1998 年 8 月 18 日
河南煤业化工集团财务有限公司	河南省	30	1998 年 12 月 23 日
河南能源化工集团财务有限公司	河南省	30	1998 年 12 月 23 日
广东能源集团财务有限公司	广东省	30	1999 年 3 月 12 日
西电集团财务有限责任公司	陕西省	15	1999 年 7 月 20 日
国家能源集团财务有限公司	北京	125	2000 年 11 月 27 日
航天科工财务有限责任公司	北京	23.85	2001 年 10 月 10 日
航天科技财务有限责任公司	北京	65	2001 年 10 月 10 日
中船重工财务有限责任公司	北京	57.19	2002 年 1 月 8 日
中海石油财务有限责任公司	北京	40	2002 年 6 月 14 日
海尔集团财务有限责任公司	山东省	70	2002 年 6 月 19 日
吉林森林工业集团财务有限责任公司	吉林省	5	2002 年 7 月 18 日
万向财务有限公司	浙江省	12	2002 年 8 月 22 日
中粮财务有限责任公司	北京	10	2002 年 9 月 24 日

公司名称	省份	注册资本（亿元）	成立日期
兵器装备集团财务有限责任公司	北京	30.33	2005 年 10 月 21 日
浙江省能源集团财务有限责任公司	浙江省	9.71	2006 年 8 月 25 日
TCL 科技集团财务有限公司	广东省	15	2006 年 10 月 17 日
湖南华菱钢铁集团财务有限公司	湖南省	26	2006 年 11 月 10 日
天津港财务有限公司	天津	11.5	2006 年 12 月 6 日
江西铜业集团财务有限公司	江西省	10	2006 年 12 月 8 日
松下电器（中国）财务有限公司	上海	7	2007 年 3 月 9 日
中航工业集团财务有限责任公司	北京	25	2007 年 5 月 14 日
申能集团财务有限公司	上海	15	2007 年 7 月 17 日
淮南矿业集团财务有限公司	安徽省	20	2007 年 9 月 5 日
摩托罗拉（中国）财务有限公司	天津	1	2007 年 9 月 30 日
日立（中国）财务有限公司	上海	3	2007 年 11 月 14 日
保利财务有限公司	北京	20	2008 年 3 月 11 日
中化集团财务有限责任公司	北京	30	2008 年 6 月 4 日
海信集团财务有限公司	山东省	13	2008 年 6 月 12 日
国联财务有限责任公司	江苏省	5	2008 年 9 月 22 日
红豆集团财务有限公司	江苏省	10	2008 年 11 月 17 日
海马财务有限公司	海南省	9.5	2008 年 11 月 18 日
南山集团财务有限公司	山东省	8	2008 年 11 月 27 日
国投财务有限公司	北京	50	2009 年 2 月 11 日
紫金矿业集团财务有限公司	福建省	6.69	2009 年 9 月 24 日
山西焦煤集团财务有限责任公司	山西省	35.5	2009 年 12 月 15 日
中远海运集团财务有限责任公司	上海	28	2009 年 12 月 30 日
中远海运集团财务有限责任公司	上海	28	2009 年 12 月 30 日
云南冶金集团财务有限公司	云南省	11.25	2010 年 1 月 4 日
中集集团财务有限公司	广东省	9.2	2010 年 2 月 9 日

续表

公司名称	省份	注册资本（亿元）	成立日期
沙钢财务有限公司	江苏省	10	2010 年 3 月 18 日
哈尔滨电气集团财务有限责任公司	黑龙江省	15	2010 年 4 月 28 日
浙江海港集团财务有限公司	浙江省	15	2010 年 7 月 8 日
美的集团财务有限公司	广东省	35	2010 年 7 月 16 日
兖矿集团财务有限公司	山东省	10	2010 年 9 月 13 日
北大方正集团财务有限公司	北京	50	2010 年 9 月 17 日
通用技术集团财务有限责任公司	北京	10	2010 年 9 月 30 日
铜陵有色金属集团财务有限公司	安徽省	8	2010 年 10 月 25 日
金川集团财务有限公司	甘肃省	10	2010 年 12 月 3 日
江苏省国信集团财务有限公司	江苏省	15	2010 年 12 月 14 日
重庆化医控股集团财务有限公司	重庆	5	2010 年 12 月 22 日
新希望财务有限公司	四川省	10.32	2011 年 1 月 11 日
酒钢集团财务有限公司	甘肃省	30	2011 年 2 月 14 日
包钢集团财务有限责任公司	内蒙古自治区	13	2011 年 4 月 25 日
招商局集团财务有限公司	北京	50	2011 年 5 月 17 日
青岛啤酒财务有限责任公司	山东省	5	2011 年 5 月 31 日
中铝财务有限责任公司	北京	26.25	2011 年 6 月 27 日
上海复星高科技集团财务有限公司	上海	15	2011 年 7 月 7 日
中兴通讯集团财务有限公司	广东省	10	2011 年 7 月 18 日
国核财务有限公司	北京	10	2011 年 7 月 27 日
福建省能源集团财务有限公司	福建省	10	2011 年 8 月 12 日
马钢集团财务有限公司	安徽省	20	2011 年 10 月 9 日
湖北宜化集团财务有限责任公司	湖北省	5	2011 年 10 月 28 日
大连港集团财务有限公司	辽宁省	20	2011 年 11 月 8 日
北京汽车集团财务有限公司	北京	25	2011 年 11 月 9 日

公司名称	省份	注册资本（亿元）	成立日期
大唐电信集团财务有限公司	北京	10	2011 年 11 月 22 日
湖南高速集团财务有限公司	湖南省	10	2011 年 12 月 6 日
开滦集团财务有限责任公司	河北省	20	2011 年 12 月 12 日
中国航油集团财务有限公司	北京	12	2011 年 12 月 14 日
海南农垦集团财务有限公司	海南省	5	2011 年 12 月 15 日
西部矿业集团财务有限公司	青海省	20.33	2011 年 12 月 19 日
江苏交通控股集团财务有限公司	江苏省	10	2011 年 12 月 27 日
中国移动通信集团财务有限公司	北京	116.28	2012 年 1 月 20 日
山东钢铁集团财务有限公司	山东省	30	2012 年 2 月 10 日
国药集团财务有限公司	北京	5	2012 年 2 月 23 日
郑州宇通集团财务有限公司	河南省	10	2012 年 2 月 24 日
深圳华强集团财务有限公司	广东省	10	2012 年 5 月 23 日
山东重工集团财务有限公司	山东省	16	2012 年 6 月 11 日
诚通财务有限责任公司	北京	50	2012 年 6 月 14 日
湖北能源财务有限公司	湖北省	5	2012 年 6 月 20 日
陕西煤业化工集团财务有限公司	陕西省	30	2012 年 7 月 3 日
港中旅财务有限公司	广东省	20	2012 年 7 月 10 日
上海华谊集团财务有限责任公司	上海	10	2012 年 8 月 15 日
河钢集团财务有限公司	河北省	25.6	2012 年 8 月 31 日
中化工程集团财务有限公司	北京	10	2012 年 9 月 12 日
安徽省能源集团财务有限公司	安徽省	5	2012 年 9 月 18 日
天津天保财务有限公司	天津	30	2012 年 9 月 25 日
亿利集团财务有限公司	北京	50	2012 年 10 月 10 日
厦门海翼集团财务有限公司	福建省	8	2012 年 10 月 18 日
浙江省交通投资集团财务有限责任公司	浙江省	30	2012 年 11 月 9 日

续表

公司名称	省份	注册资本（亿元）	成立日期
中信财务有限公司	北京	47.51	2012 年 11 月 19 日
中车财务有限公司	北京	22	2012 年 11 月 30 日
中国北车集团财务有限公司	北京	12	2012 年 11 月 30 日
南车财务有限公司（注销）	北京	10	2012 年 12 月 4 日
中国电子科技财务有限公司	北京	40	2012 年 12 月 14 日
重庆机电控股集团财务有限公司	重庆	6	2013 年 1 月 16 日
河北建投集团财务有限公司	河北省	10	2013 年 1 月 18 日
太钢集团财务有限公司	山西省	20	2013 年 1 月 23 日
海亮集团财务有限责任公司	浙江省	15	2013 年 2 月 1 日
大同煤矿集团财务有限责任公司	山西省	30	2013 年 2 月 16 日
贵州茅台集团财务有限公司	贵州省	25	2013 年 3 月 6 日
中国建材集团财务有限公司	北京	5	2013 年 4 月 23 日
北京首都旅游集团财务有限公司	北京	20	2013 年 4 月 28 日
贵州盘江集团财务有限公司	贵州省	5	2013 年 5 月 3 日
广西交通投资集团财务有限责任公司	广西壮族自治区	25	2013 年 5 月 23 日
徐工集团财务有限公司	江苏省	20	2013 年 6 月 4 日
百联集团财务有限责任公司	上海	8	2013 年 6 月 26 日
中交财务有限公司	北京	35	2013 年 7 月 1 日
山东黄金集团财务有限公司	山东省	30	2013 年 7 月 17 日
中国平煤神马集团财务有限责任公司	河南省	30	2013 年 7 月 22 日
中开财务有限公司	广东省	5	2013 年 7 月 24 日
四川长虹集团财务有限公司	四川省	18.88	2013 年 8 月 23 日
创维集团财务有限公司	广东省	12.23	2013 年 9 月 5 日
珠海华发集团财务有限公司	广东省	20	2013 年 9 月 9 日
亨通财务有限公司	江苏省	6	2013 年 9 月 18 日

续表

公司名称	省份	注册资本（亿元）	成立日期
江苏国泰财务有限公司	江苏省	15	2013 年 9 月 27 日
北京金隅财务有限公司	北京	30	2013 年 9 月 30 日
云南云天化集团财务有限公司	云南省	10	2013 年 10 月 10 日
北京控股集团财务有限公司	北京	20.09	2013 年 11 月 8 日
陕西延长石油财务有限公司	陕西省	35	2013 年 12 月 11 日
山东能源集团财务有限公司	山东省	30	2013 年 12 月 30 日
伊利财务有限公司	内蒙古自治区	10	2014 年 1 月 15 日
鄂尔多斯财务有限公司	内蒙古自治区	20	2014 年 1 月 17 日
有色矿业集团财务有限公司	湖北省	30	2014 年 1 月 23 日
重庆力帆财务有限公司	重庆	30	2014 年 1 月 23 日
巨化集团财务有限责任公司	浙江省	8	2014 年 2 月 17 日
供销集团财务有限公司	北京	5	2014 年 2 月 21 日
中铁财务有限责任公司	北京	90	2014 年 2 月 28 日
中煤财务有限责任公司	北京	30	2014 年 3 月 6 日
淮北矿业集团财务有限公司	安徽省	8	2014 年 4 月 21 日
湖南出版投资控股集团财务有限公司	湖南省	10	2014 年 4 月 23 日
安徽省皖北煤电集团财务有限公司	安徽省	5	2014 年 4 月 24 日
四川省宜宾五粮液集团财务有限公司	四川省	30.86	2014 年 5 月 5 日
山东晨鸣集团财务有限公司	山东省	50	2014 年 7 月 8 日
河北港口集团财务有限公司	河北省	15	2014 年 7 月 10 日
中节能财务有限公司	北京	30	2014 年 7 月 16 日
青岛港财务有限责任公司	山东省	10	2014 年 7 月 22 日
上海上实集团财务有限公司	上海	10	2014 年 9 月 1 日
重庆市能源投资集团财务有限公司	重庆	10	2014 年 11 月 26 日

续表

公司名称	省份	注册资本（亿元）	成立日期
广东省交通集团财务有限公司	广东省	20	2014 年 12 月 12 日
本钢集团财务有限公司	辽宁省	30	2014 年 12 月 25 日
忠旺集团财务有限公司	辽宁省	50	2014 年 12 月 29 日
光明食品集团财务有限公司	上海	20	2014 年 12 月 29 日
天津物产集团财务有限公司	天津	50	2015 年 2 月 28 日
新奥财务有限责任公司	河北省	20	2015 年 3 月 3 日
福建七匹狼集团财务有限公司	福建省	5	2015 年 3 月 26 日
清华控股集团财务有限公司	北京	30	2015 年 4 月 13 日
中国黄金集团财务有限公司	北京	10	2015 年 5 月 12 日
中国核工业建设集团财务有限公司	北京	10	2015 年 5 月 13 日
三房巷财务有限公司	江苏省	5	2015 年 5 月 25 日
物美商业财务有限责任公司	北京	5	2015 年 5 月 26 日
中联重科集团财务有限公司	湖南省	15	2015 年 5 月 28 日
广东省广晟财务有限公司	广东省	10	2015 年 6 月 17 日
湖北交投集团财务有限公司	湖北省	15	2015 年 6 月 24 日
新凤祥财务有限公司	山东省	30	2015 年 6 月 26 日
北京金融街集团财务有限公司	北京	8	2015 年 6 月 30 日
山东招金集团财务有限公司	山东省	15	2015 年 7 月 1 日
上海外高桥集团财务有限公司	上海	5	2015 年 7 月 15 日
首钢集团财务有限公司	北京	100	2015 年 7 月 21 日
内蒙古伊泰财务有限公司	内蒙古自治区	10	2015 年 7 月 21 日
天瑞集团财务有限责任公司	河南省	10	2015 年 7 月 22 日
中国铁路财务有限责任公司	北京	100	2015 年 7 月 24 日
内蒙古电力集团财务有限责任公司	内蒙古自治区	10	2015 年 8 月 17 日

公司名称	省份	注册资本（亿元）	成立日期
渤海钢铁集团财务有限公司	天津	20	2015 年 10 月 30 日
云南昆钢集团财务有限公司	云南省	10	2015 年 10 月 30 日
西王集团财务有限公司	山东省	20	2015 年 12 月 15 日
中国电建集团财务有限责任公司	北京	50	2015 年 12 月 17 日
物产中大集团财务有限公司	浙江省	10	2015 年 12 月 18 日
营口港务集团财务有限公司	辽宁省	5	2015 年 12 月 22 日
江苏悦达集团财务有限公司	江苏省	8	2015 年 12 月 23 日
粤海集团财务有限公司	广东省	10	2015 年 12 月 28 日
云南建工集团财务有限公司	云南省	10	2015 年 12 月 28 日
甘肃电投集团财务有限公司	甘肃省	5	2016 年 3 月 25 日
宝塔石化集团财务有限公司	宁夏回族自治区	20	2016 年 4 月 5 日
北京首农食品集团财务有限公司	北京	20	2016 年 5 月 11 日
日照港集团财务有限公司	山东省	10	2016 年 5 月 20 日
河南双汇集团财务有限公司	河南省	8	2016 年 6 月 15 日
联通集团财务有限公司	北京	30	2016 年 6 月 17 日
厦门翔业集团财务有限公司	福建省	10	2016 年 7 月 12 日
新华联控股集团财务有限责任公司	北京	30	2016 年 8 月 16 日
广州发展集团财务有限公司	广东省	10	2016 年 8 月 18 日
江苏凤凰出版传媒集团财务有限公司	江苏省	10	2016 年 9 月 1 日
天津医药集团财务有限公司	天津	5	2016 年 9 月 14 日
顺丰控股集团财务有限公司	广东省	10	2016 年 9 月 18 日
青建集团财务有限责任公司	山东省	8	2016 年 10 月 26 日
上海文化广播影视集团财务有限公司	上海	10	2016 年 12 月 28 日
东旭集团财务有限公司	河北省	50	2017 年 1 月 22 日
广州汽车集团财务有限公司	广东省	10	2017 年 1 月 24 日

公司名称	省份	注册资本（亿元）	成立日期
上海华信国际集团财务有限责任公司	上海	20	2017 年 2 月 7 日
连云港港口集团财务有限公司	江苏省	10	2017 年 3 月 16 日
陕西投资集团财务有限责任公司	陕西省	10	2017 年 6 月 16 日
三环集团财务有限公司	湖北省	3	2017 年 7 月 6 日
红星美凯龙家居集团财务有限责任公司	上海	6	2017 年 8 月 10 日
天津能源集团财务有限公司	天津	10	2017 年 9 月 15 日
东方国际集团财务有限公司	上海	10	2017 年 12 月 15 日
东方国际集团财务有限公司（废弃）	上海	10	2017 年 12 月 15 日
国新集团财务有限责任公司	北京	20	2018 年 5 月 8 日
商飞集团财务有限责任公司	上海	16	2018 年 5 月 15 日
新疆金风科技集团财务有限公司	新疆维吾尔自治区	30	2018 年 9 月 19 日
特变电工集团财务有限公司	新疆维吾尔自治区	10	2018 年 11 月 29 日
中国航发集团财务有限公司	北京	10	2018 年 12 月 10 日
广东温氏集团财务有限公司	广东省	10	2018 年 12 月 12 日
江西高速集团财务有限公司	江西省	51	2018 年 12 月 26 日
中国电信集团财务有限公司	北京	50	2019 年 1 月 8 日
福建省交运集团财务有限公司	福建省	5	2019 年 4 月 28 日
上海城投集团财务有限公司	上海	10	2019 年 12 月 25 日
传化集团财务有限公司	浙江省	5	2019 年 12 月 26 日
浪潮集团财务有限公司	山东省	10	2019 年 12 月 27 日
华泰集团财务有限公司	山东省	10	2020 年 3 月 20 日

附录 3   全国信托公司基本资料

公司简称	省份	注册资本（亿元）	成立日期
新华信托	重庆	42	1998 年 4 月 20 日
重庆信托	重庆	150	1984 年 10 月 22 日
昆仑信托	浙江省	102.27	1992 年 10 月 20 日
中建投信托	浙江省	16.66	1979 年 8 月 27 日
杭州工商信托	浙江省	15	1986 年 12 月 16 日
万向信托	浙江省	13.39	2012 年 8 月 18 日
浙金信托	浙江省	17	1993 年 5 月 19 日
云南信托	云南省	12	1997 年 9 月 3 日
金新信托	新疆维吾尔自治区	7.39	1993 年 6 月 20 日
长城新盛信托	新疆维吾尔自治区	3	1988 年 12 月 9 日
华融国际信托	新疆维吾尔自治区	30.36	2002 年 8 月 28 日
西藏信托	西藏自治区	10	1991 年 10 月 5 日
北方信托	天津	10.01	1987 年 10 月 13 日
天津信托	天津	17	1986 年 9 月 23 日
四川信托	四川省	35	2010 年 4 月 16 日
中铁信托	四川省	50	2002 年 12 月 11 日
中海信托	上海	25	1988 年 7 月 2 日
中泰信托	上海	5.17	2002 年 3 月 8 日
爱建信托	上海	30	1986 年 8 月 1 日
华澳信托	上海	25	1992 年 11 月 6 日
华宝信托	上海	47.44	1998 年 9 月 10 日
安信信托	上海	54.69	1995 年 9 月 15 日

公司简称	省份	注册资本（亿元）	成立日期
上海信托	上海	50	1981 年 5 月 6 日
长安信托	陕西省	33.3	1999 年 12 月 28 日
西部信托	陕西省	15	2002 年 7 月 18 日
陕国投	陕西省	39.64	1985 年 1 月 5 日
山西信托	山西省	13.57	2007 年 8 月 1 日
陆家嘴信托	山东省	40	2003 年 11 月 18 日
山东国信	山东省	46.59	1987 年 3 月 10 日
五矿国际信托	青海省	60	1997 年 9 月 23 日
华宸信托	内蒙古自治区	5.72	2003 年 3 月 20 日
新时代信托	内蒙古自治区	60	2004 年 2 月 27 日
华信信托	辽宁省	66	1987 年 4 月 24 日
中航信托	江西省	46.57	2009 年 12 月 28 日
雪松国际信托	江西省	30.05	2003 年 4 月 14 日
国联信托	江苏省	30	1987 年 1 月 13 日
苏州信托	江苏省	12	2002 年 9 月 18 日
紫金信托	江苏省	24.53	1992 年 9 月 25 日
江苏信托	江苏省	26.84	1992 年 6 月 5 日
吉林信托	吉林省	15.97	2002 年 3 月 19 日
湖南信托	湖南省	24.51	2002 年 12 月 27 日
国通信托	湖北省	32	1991 年 6 月 17 日
交银国际信托	湖北省	57.65	2003 年 1 月 30 日
中融信托	黑龙江省	120	1993 年 1 月 15 日
百瑞信托	河南省	40	2002 年 10 月 16 日
中原信托	河南省	36.5	2002 年 11 月 27 日
渤海信托	河北省	36	1983 年 12 月 9 日
华能信托	贵州省	61.95	2002 年 9 月 29 日

续表

公司简称	省份	注册资本（亿元）	成立日期
广东粤财信托	广东省	38	1985 年 3 月 7 日
华润信托	广东省	110	1982 年 8 月 24 日
东莞信托	广东省	12	1987 年 3 月 13 日
平安信托	广东省	130	1984 年 11 月 19 日
大业信托	广东省	10	1992 年 12 月 18 日
广州国际信托	广东省	9.91	1967 年 6 月 1 日
光大兴陇信托	甘肃省	64.18	2002 年 8 月 5 日
厦门国际信托	福建省	35	2002 年 5 月 10 日
兴业信托	福建省	50	2003 年 3 月 18 日
中粮信托	北京	23	2009 年 7 月 27 日
国民信托	北京	10	1987 年 1 月 12 日
对外经济贸易信托	北京	27.41	1987 年 9 月 30 日
中国民生信托	北京	70	1994 年 10 月 18 日
华鑫信托	北京	35.75	1984 年 6 月 1 日
国投泰康信托	北京	21.91	1986 年 8 月 26 日
中诚信托	北京	24.57	1995 年 11 月 20 日
中信信托	北京	112.76	1988 年 3 月 1 日
英大信托	北京	40.29	1987 年 3 月 12 日
金谷信托	北京	22	1993 年 4 月 21 日
北京国际信托	北京	22	1984 年 10 月 5 日
建信信托	安徽省	24.67	2003 年 12 月 31 日
国元信托	安徽省	30	2004 年 1 月 14 日

附录4 全国保险公司基本资料

公司简称	省份	注册资本（亿元）	成立日期
大家保险	北京	203.61	2019年6月25日
信利再保险（中国）	上海	2.66	2011年3月14日
中再寿险	北京	81.7	2003年12月16日
安联控股	上海	27.18	2019年11月28日
阳光保险集团	广东省	103.51	2007年6月27日
人保再保险	北京	40	2017年2月23日
中国农业再保险	北京	161	2020年12月31日
前海再保险	广东省	30	2016年12月5日
中国太平	北京	252.61	1982年2月13日
中国人寿集团	北京	46	1996年8月22日
中再产险	北京	114.82	2003年12月15日
龙山农村保险互助联社	浙江省	0	2013年7月17日
安邦保险集团	北京	415.39	2004年10月15日
太平再保险（中国）	北京	15	2015年12月11日
兴民农村保险互助社	浙江省	0.01	2015年10月22日
中华联合集团	北京	153.1	2006年6月5日
富德保险控股	广东省	28	2015年7月1日
中国再保险	北京	424.8	1996年8月22日
华泰保险	北京	40.22	1996年8月29日
泰康集团	北京	27.29	1996年9月9日
利宝互助保险	重庆	—	2003年12月1日

续表

公司简称	省份	注册资本（亿元）	成立日期
中国太保	上海	96.2	1991 年 5 月 13 日
中国平安	广东省	182.8	1988 年 3 月 21 日
中国人保集团	北京	442.24	1996 年 8 月 22 日
爱心人寿	北京	17	2017 年 6 月 22 日
中融人寿	北京	13	2010 年 3 月 26 日
华汇人寿	辽宁省	15	2011 年 12 月 22 日
国富人寿	广西壮族自治区	15	2018 年 6 月 7 日
海保人寿	海南省	15	2018 年 5 月 30 日
中意人寿	北京	37	2002 年 1 月 31 日
富德生命人寿	广东省	117.52	2002 年 3 月 4 日
阳光人寿	海南省	183.43	2007 年 12 月 17 日
友邦人寿	上海	37.77	2020 年 7 月 9 日
中华人寿	北京	18	2015 年 11 月 24 日
华夏人寿保险公司	天津	153	2006 年 12 月 30 日
恒大人寿	重庆	10	2006 年 5 月 11 日
招商信诺	广东省	28	2003 年 8 月 4 日
鼎诚人寿	北京	12.5	2009 年 3 月 2 日
农银人寿	北京	29.5	2005 年 12 月 19 日
复星保德信人寿	上海	26.62	2012 年 9 月 21 日
三峡人寿	重庆	10	2017 年 12 月 20 日
太平人寿	上海	100.3	1984 年 11 月 17 日
中荷人寿	辽宁省	26.7	2002 年 11 月 19 日
招商仁和人寿	广东省	65.99	2017 年 7 月 4 日
百年人寿	辽宁省	77.95	2009 年 6 月 1 日
弘康人寿	北京	10	2012 年 7 月 19 日
同方全球人寿	广东省	24	2003 年 4 月 16 日

公司简称	省份	注册资本（亿元）	成立日期
国联人寿	江苏省	20	2014 年 12 月 31 日
泰康人寿	北京	30	2016 年 11 月 28 日
德华安顾人寿	山东省	18	2013 年 7 月 22 日
英大人寿	北京	40	2007 年 6 月 26 日
合众人寿	湖北省	42.83	2005 年 1 月 28 日
中国人寿（海外）	广东省	59.4	2007 年 12 月 26 日
人保寿险	北京	257.61	2005 年 11 月 10 日
北大方正人寿	上海	28.8	2002 年 11 月 28 日
恒安标准人寿	天津	40.47	2003 年 12 月 1 日
财信吉祥人寿	湖南省	34.63	2012 年 9 月 7 日
中英人寿	北京	29.46	2002 年 12 月 11 日
渤海人寿	天津	130	2014 年 12 月 18 日
中银三星人寿	北京	16.67	2005 年 5 月 26 日
长生人寿	上海	21.67	2003 年 9 月 23 日
大家人寿	北京	307.9	2010 年 6 月 23 日
陆家嘴国泰人寿	上海	30	2004 年 12 月 29 日
长城人寿	北京	55.32	2005 年 9 月 20 日
平安寿险	广东省	338	2002 年 12 月 17 日
华泰人寿保险	北京	32.33	2005 年 3 月 22 日
和泰人寿	山东省	15	2017 年 1 月 24 日
汇丰人寿	上海	10.25	2009 年 6 月 27 日
珠江人寿	广东省	67	2012 年 9 月 26 日
中韩人寿	浙江省	15	2012 年 11 月 30 日
上海人寿	上海	60	2015 年 2 月 16 日
横琴人寿	广东省	20	2016 年 12 月 28 日
北京人寿	北京	28.6	2018 年 2 月 14 日

续表

公司简称	省份	注册资本（亿元）	成立日期
信美相互	北京	10	2017 年 5 月 11 日
中宏人寿	上海	16	1996 年 11 月 15 日
建信人寿	上海	44.96	1998 年 10 月 12 日
中德安联	上海	20	1998 年 11 月 25 日
工银安盛人寿	上海	125.05	1999 年 5 月 14 日
交银康联人寿	上海	51	2000 年 7 月 4 日
中信保诚人寿	北京	23.6	2000 年 9 月 28 日
天安人寿	北京	145	2000 年 11 月 24 日
太保寿险	上海	84.2	2001 年 11 月 9 日
民生保险	北京	60	2002 年 6 月 18 日
东方人寿	上海	8	2002 年 1 月 24 日
华贵保险	贵州省	10	2017 年 2 月 17 日
前海人寿	广东省	85	2012 年 2 月 8 日
信泰保险	浙江省	50	2007 年 5 月 18 日
君龙人寿	福建省	8	2008 年 11 月 10 日
瑞泰人寿	北京	18.71	2004 年 1 月 6 日
利安人寿	江苏省	45.79	2011 年 7 月 14 日
中邮保险	北京	215	2009 年 8 月 18 日
东吴人寿	江苏省	40	2012 年 5 月 23 日
国宝人寿	四川省	15	2018 年 4 月 8 日
中美联泰大都会人寿	上海	27.2	2005 年 8 月 10 日
君康人寿	北京	62.5	2006 年 11 月 6 日
幸福人寿	北京	101.3	2007 年 11 月 5 日
国华人寿	湖北省	48.46	2007 年 11 月 8 日
光大永明人寿	天津	54	2002 年 4 月 22 日
中国人寿	北京	282.65	2003 年 6 月 30 日

公司简称	省份	注册资本（亿元）	成立日期
新华保险	北京	31.2	1996 年 9 月 28 日
美亚保险	上海	9.11	2007 年 9 月 24 日
北部湾保险	广西壮族自治区	15	2013 年 1 月 18 日
英大财险	北京	31	2008 年 11 月 4 日
安达保险	上海	7.55	2008 年 2 月 1 日
安诚保险	重庆	40.76	2006 年 12 月 31 日
汇友相互	北京	6	2017 年 6 月 28 日
京东安联财险	广东省	16.1	2010 年 3 月 24 日
鼎和财险	广东省	30.18	2008 年 5 月 22 日
太平财险	广东省	61.7	1982 年 2 月 13 日
合众财险	北京	4	2015 年 2 月 11 日
泰康在线	湖北省	40	2015 年 11 月 12 日
利宝保险	重庆	19.36	2007 年 9 月 21 日
中远海运自保	上海	20	2017 年 2 月 8 日
东海保险	浙江省	10	2015 年 12 月 25 日
日本财险（中国）	辽宁省	6	2005 年 5 月 31 日
融盛保险	辽宁省	11.95	2018 年 7 月 9 日
前海财险	新疆维吾尔自治区	10	2016 年 5 月 19 日
海峡保险	福建省	15	2016 年 8 月 25 日
锦泰保险	四川省	11	2011 年 1 月 30 日
珠峰保险	西藏自治区	10	2016 年 5 月 22 日
永安保险公司	陕西省	30.09	1996 年 9 月 13 日
苏黎世中国	上海	9.22	2013 年 7 月 2 日
东京海上日动（中国）	上海	4	2008 年 7 月 22 日
平安产险	广东省	210	2002 年 12 月 24 日
富德产险	广东省	35	2012 年 5 月 7 日

续表

公司简称	省份	注册资本（亿元）	成立日期
安心保险	北京	12.85	2015 年 12 月 31 日
都邦财险	吉林省	27	2005 年 10 月 19 日
安盛天平	上海	8.46	2004 年 12 月 31 日
黄河财险	甘肃省	25	2018 年 1 月 2 日
中国人寿财险公司	北京	188	2006 年 12 月 30 日
华海财险	山东省	12	2014 年 12 月 9 日
恒邦保险	江西省	20.6	2014 年 12 月 30 日
阳光财险	北京	57.46	2005 年 7 月 28 日
紫金保险	江苏省	25	2009 年 5 月 8 日
中华财险	北京	146.4	2006 年 12 月 6 日
中石油专属保险公司	新疆维吾尔自治区	60	2013 年 12 月 26 日
众安在线	上海	14.7	2013 年 10 月 9 日
出口信用保险	北京	271.61	2001 年 11 月 8 日
安邦财险	广东省	370	2011 年 12 月 31 日
广东能源自保	广东省	5	2017 年 11 月 10 日
渤海财险	天津	16.25	2005 年 9 月 28 日
太平科技	浙江省	5	2018 年 1 月 8 日
三星产险	上海	3.24	2005 年 4 月 25 日
国任保险	广东省	30	2009 年 8 月 31 日
日本兴亚财险	广东省	3	2009 年 6 月 19 日
伏龙农村保险互助社	浙江省	0	2011 年 9 月 6 日
中意财险	北京	13	2007 年 4 月 13 日
中路保险	山东省	10	2015 年 4 月 3 日
中国太平洋财险	上海	194.7	2001 年 11 月 9 日
华安保险	广东省	21	1996 年 12 月 3 日
三井住友海上	上海	5	2007 年 9 月 6 日

公司简称	省份	注册资本（亿元）	成立日期
泰山财险	山东省	20.3	2010 年 12 月 31 日
华农保险	北京	10	2006 年 1 月 24 日
众惠相互	广东省	10	2017 年 2 月 14 日
诚泰财险	云南省	59.7	2011 年 12 月 31 日
中国铁路保险	北京	20	2015 年 7 月 6 日
富邦财险	福建省	11.2	2010 年 10 月 8 日
中航安盟财险	四川省	11	2011 年 2 月 22 日
阳光信保	重庆	30	2016 年 1 月 11 日
凯本财险	江苏省	2.2	2009 年 10 月 23 日
中国财险	北京	222.43	2003 年 7 月 7 日
燕赵财险	河北省	20.25	2015 年 2 月 3 日
建信财险	宁夏回族自治区	10	2016 年 10 月 11 日
国泰产险	上海	26.33	2008 年 8 月 28 日
爱和谊日生同和（中国）	天津	6.25	2009 年 1 月 23 日
长安保险公司	安徽省	32.52	2007 年 11 月 7 日
长江财产保险	湖北省	12	2011 年 11 月 18 日
现代财产保险	北京	16.67	2007 年 3 月 2 日
中银保险	北京	45.35	2005 年 1 月 5 日
永诚保险	上海	21.78	2004 年 9 月 27 日
瑞再企商	上海	5.69	2008 年 3 月 17 日
易安保险	广东省	10	2016 年 2 月 16 日
劳合社中国	上海	10	2007 年 3 月 15 日
中煤保险	山西省	12.2	2008 年 1 月 3 日
中国大地保险	上海	151.16	2003 年 10 月 15 日
亚太财险	广东省	40.01	2005 年 1 月 10 日
浙商保险	浙江省	30	2009 年 6 月 25 日

公司简称	省份	注册资本（亿元）	成立日期
久隆财险	广东省	10	2016 年 3 月 17 日
大家财险	广东省	40	2019 年 8 月 28 日
天安财险	上海	177.64	1995 年 1 月 27 日
史带财险	上海	14.33	1995 年 1 月 25 日
华泰财险	上海	30	2011 年 7 月 29 日
鑫安车险	吉林省	10	2012 年 6 月 15 日
众诚保险	广东省	22.69	2011 年 6 月 8 日
人保健康	北京	85.68	2005 年 3 月 31 日
昆仑健康保险	上海	23.42	2006 年 1 月 12 日
太保安联健康险	上海	17	2014 年 12 月 10 日
和谐健康保险	四川省	139	2006 年 1 月 12 日
平安健康险	上海	18.17	2005 年 6 月 13 日
复星联合健康保险	广东省	5	2017 年 1 月 23 日
瑞华保险	陕西省	5	2018 年 5 月 15 日
安华农业保险	吉林省	10.58	2004 年 12 月 30 日
中原农险	河南省	21.09	2015 年 5 月 13 日
太平洋安信农险	上海	10.8	2004 年 9 月 15 日
国元保险	安徽省	23.14	2008 年 1 月 18 日
阳光农业相互保险	黑龙江省	10	2005 年 1 月 10 日
大家养老	北京	33	2013 年 12 月 31 日
新华养老保险	广东省	50	2016 年 9 月 19 日
泰康养老	北京	40	2007 年 8 月 10 日
长江养老保险	上海	30	2007 年 5 月 18 日
人保养老	河北省	40	2017 年 10 月 12 日
平安养老保险上海分公司	上海	—	2007 年 3 月 7 日
中国人寿养老险公司	北京	34	2007 年 1 月 15 日

续表

公司简称	省份	注册资本（亿元）	成立日期
太平养老保险	上海	30	2005 年 1 月 26 日
平安养老	上海	48.6	2004 年 12 月 13 日

附录 5　全国证券公司基本资料

公司简称	省份	注册资本（亿元）	成立日期
中信证券华南	广东省	50.91	1988 年 3 月 26 日
中信证券（山东）	山东省	24.94	1988 年 6 月 2 日
华福证券	福建省	33	1988 年 6 月 9 日
粤开证券	广东省	31.26	1988 年 6 月 23 日
山西证券	山西省	35.9	1988 年 7 月 28 日
西南证券	重庆	66.45	1990 年 6 月 7 日
南京证券	江苏省	36.86	1990 年 11 月 23 日
世纪证券	广东省	40	1990 年 12 月 28 日
中天证券	辽宁省	22.25	1991 年 2 月 20 日
大通证券	辽宁省	33	1991 年 4 月 4 日
华泰证券	江苏省	90.77	1991 年 4 月 9 日
东北证券	吉林省	23.4	1992 年 7 月 17 日
申银万国证券研究所	上海	0.2	1992 年 10 月 16 日
东海证券	江苏省	18.56	1993 年 1 月 16 日
海通证券	上海	130.64	1993 年 2 月 2 日

续表

公司简称	省份	注册资本 （亿元）	成立日期
东吴证券	江苏省	50.08	1993 年 4 月 10 日
中山证券	广东省	17	1993 年 4 月 20 日
国海证券	广西壮族自治区	54.45	1993 年 6 月 28 日
招商证券	广东省	86.97	1993 年 8 月 1 日
广发证券	广东省	76.21	1994 年 1 月 21 日
开源证券	陕西省	34.53	1994 年 2 月 21 日
国信证券	广东省	96.12	1994 年 6 月 30 日
方正证券	湖南省	82.32	1994 年 10 月 26 日
网信证券	辽宁省	5	1995 年 4 月 18 日
中金公司	北京	48.27	1995 年 7 月 31 日
中信证券	广东省	129.27	1995 年 10 月 25 日
英大证券	广东省	43.36	1996 年 4 月 15 日
光大证券	上海	46.11	1996 年 4 月 23 日
长城证券	广东省	31.03	1996 年 5 月 2 日
平安证券	广东省	138	1996 年 7 月 18 日
湘财证券	湖南省	45.91	1996 年 8 月 2 日
国金证券	四川省	30.24	1996 年 12 月 20 日
民生证券	上海	114.56	1997 年 1 月 9 日
长城国瑞证券	福建省	33.5	1997 年 2 月 28 日
国元证券	安徽省	43.64	1997 年 6 月 6 日
东莞证券	广东省	15	1997 年 6 月 9 日
华林证券	西藏自治区	27	1997 年 6 月 18 日
长江证券	湖北省	55.3	1997 年 7 月 24 日
华泰联合证券	广东省	9.97	1997 年 9 月 5 日
川财证券	四川省	10	1997 年 9 月 23 日
东方证券	上海	69.94	1997 年 12 月 10 日

公司简称	省份	注册资本（亿元）	成立日期
第一创业	广东省	42.02	1998 年 1 月 12 日
大同证券	山西省	7.3	1998 年 1 月 24 日
恒投证券	内蒙古自治区	26.05	1998 年 12 月 28 日
国联证券	江苏省	28.32	1999 年 1 月 8 日
国泰君安	上海	89.08	1999 年 8 月 18 日
首创证券	北京	24.6	2000 年 2 月 3 日
天风证券	湖北省	86.66	2000 年 3 月 29 日
兴业证券	福建省	66.97	2000 年 5 月 19 日
华西证券	四川省	26.25	2000 年 7 月 13 日
五矿证券	广东省	97.98	2000 年 8 月 4 日
华金证券	上海	34.5	2000 年 9 月 11 日
华安证券	安徽省	46.98	2001 年 1 月 8 日
西部证券	陕西省	44.7	2001 年 1 月 9 日
联储证券	山东省	25.73	2001 年 2 月 28 日
华鑫证券	广东省	36	2001 年 3 月 6 日
上海证券	上海	53.27	2001 年 4 月 27 日
华龙证券	甘肃省	63.35	2001 年 4 月 30 日
中泰证券	山东省	69.69	2001 年 5 月 15 日
渤海证券	天津	80.37	2001 年 5 月 16 日
宏信证券	四川省	10	2001 年 8 月 8 日
万联证券	广东省	59.54	2001 年 8 月 23 日
国都证券	北京	58.3	2001 年 12 月 28 日
恒泰长财证券	吉林省	2	2002 年 1 月 10 日
万和证券	海南省	22.73	2002 年 1 月 18 日
华创证券	贵州省	92.26	2002 年 1 月 22 日
红塔证券	云南省	47.17	2002 年 1 月 31 日

续表

公司简称	省份	注册资本（亿元）	成立日期
中银证券	上海	27.78	2002 年 2 月 28 日
华宝证券	上海	40	2002 年 3 月 4 日
国融证券	内蒙古自治区	17.83	2002 年 4 月 24 日
财达证券	河北省	32.45	2002 年 4 月 25 日
方正承销保荐	北京	14	2002 年 4 月 29 日
浙商证券	浙江省	38.78	2002 年 5 月 9 日
金元证券	海南省	40.31	2002 年 8 月 16 日
财信证券	湖南省	66.98	2002 年 8 月 23 日
爱建证券	上海	14	2002 年 9 月 5 日
中邮证券	陕西省	50.6	2002 年 9 月 17 日
中航证券	江西省	36.34	2002 年 10 月 8 日
中原证券	河南省	46.43	2002 年 11 月 8 日
九州证券	青海省	33.7	2002 年 12 月 10 日
国盛证券	江西省	46.95	2002 年 12 月 26 日
上海华信证券	上海	112	2003 年 4 月 10 日
德邦证券	上海	39.67	2003 年 5 月 15 日
财通证券	浙江省	35.89	2003 年 6 月 11 日
新时代证券	北京	29.1	2003 年 6 月 26 日
长江承销保荐	上海	3	2003 年 9 月 26 日
江海证券	黑龙江省	67.67	2003 年 12 月 15 日
国开证券	北京	95	2003 年 12 月 29 日
太平洋	云南省	68.16	2004 年 1 月 6 日
中天国富	贵州省	32.8	2004 年 9 月 13 日
北京高华	北京	10.72	2004 年 10 月 18 日
高盛高华	北京	27.86	2004 年 12 月 13 日
中金财富	广东省	80	2005 年 9 月 28 日

公司简称	省份	注册资本（亿元）	成立日期
中信建投证券	北京	77.57	2005 年 11 月 2 日
东方财富证券	西藏自治区	88	2005 年 11 月 27 日
安信证券	广东省	100	2006 年 8 月 22 日
银泰证券	广东省	14	2006 年 9 月 5 日
瑞银证券	北京	14.9	2006 年 12 月 11 日
中国银河	北京	101.37	2007 年 1 月 26 日
信达证券	北京	29.19	2007 年 9 月 4 日
华融证券	北京	58.41	2007 年 9 月 7 日
东兴证券	北京	32.32	2008 年 5 月 28 日
瑞信证券（中国）	北京	10.89	2008 年 10 月 24 日
中德证券	北京	10	2009 年 4 月 10 日
东证资管	上海	3	2010 年 6 月 8 日
国泰君安资管	上海	20	2010 年 8 月 27 日
华英证券	江苏省	2	2011 年 4 月 20 日
摩根士丹利证券	上海	10.2	2011 年 5 月 4 日
第一创业承销保荐	北京	4	2011 年 5 月 26 日
光证资管	上海	2	2012 年 2 月 21 日
东方投行	上海	8	2012 年 6 月 4 日
海通资管	上海	22	2012 年 6 月 26 日
浙商资管	浙江省	12	2013 年 4 月 18 日
广发资管	广东省	10	2014 年 1 月 2 日
银河金汇	广东省	10	2014 年 4 月 25 日
兴证资管	福建省	8	2014 年 6 月 9 日
中泰资管	上海	1.67	2014 年 8 月 13 日
金通证券	浙江省	1.35	2014 年 8 月 27 日
长江资管	上海	23	2014 年 9 月 16 日

续表

公司简称	省份	注册资本（亿元）	成立日期
华泰证券资管	上海	26	2014 年 10 月 16 日
财通证券资管	浙江省	2	2014 年 12 月 15 日
申万宏源证券	上海	535	2015 年 1 月 16 日
申万宏源承销保荐	新疆维吾尔自治区	10	2015 年 1 月 20 日
申万宏源西部	新疆维吾尔自治区	47	2015 年 1 月 20 日
德邦资管	上海	10	2015 年 3 月 4 日
招商资管	广东省	10	2015 年 4 月 3 日
国盛资管	广东省	4	2015 年 5 月 20 日
东证融汇	上海	7	2015 年 12 月 24 日
申港证券	上海	43.15	2016 年 4 月 8 日
渤海汇金资管	广东省	11	2016 年 5 月 18 日
华兴证券	上海	30.24	2016 年 8 月 19 日
东亚前海证券	广东省	15	2017 年 8 月 9 日
汇丰前海	广东省	18	2017 年 8 月 28 日
野村东方国际证券	上海	20	2019 年 8 月 20 日
摩根大通证券中国	上海	19.99	2019 年 8 月 22 日
安信资管	广东省	10	2020 年 1 月 16 日
甬兴证券	浙江省	20	2020 年 3 月 16 日
甬兴资管	上海	2	2020 年 4 月 2 日
金圆统一证券	福建省	12	2020 年 6 月 18 日
大和证券	北京	10	2020 年 12 月 18 日
星展证券	上海	15	2021 年 1 月 14 日

参考文献

一、中文文献

[1] 敖小波，朱雅丽，谢志华，等．京能集团"融资租赁+产业"的产融协同机制 [J].财务与会计，2017（07）．

[2] 蔡旺春，吴福象．托宾 Q 的行业阈值效应与企业投资理性：基于我国上市公司行业面板数据的实证分析 [J].湘潭大学学报（哲学社会科学版），2017，41（06）．

[3] 操建华．产融结合是否应相互参股 [J].金融研究，1998（09）．

[4] 曹志艳，庞任平．产融结合：农业产业投资基金的创新出路 [J].新疆社会科学，2012（05）．

[5] 曹志艳，庞任平．产融结合式农业产业投资基金财税扶持政策探讨 [J].税务研究，2013（12）．

[6] 陈广垒．关于大型产业集团公司实现产融结合的几点看法 [J].财务与会计，2014（06）．

[7] 陈美，夏卓秀．产融结合与企业创新：基于央企控股上市公司的经验证据 [J].金融评论，2019，11（02）．

[8] 陈孝明，田丰．金融排斥、产融结合与文化产业融资机制创新研

究 [J]. 学术论坛, 2015, 38 (03).

[9] 陈燕玲. 产融结合的风险及其防范对策研究 [J]. 生产力研究, 2005 (05).

[10] 储俊, 裴玉. 我国中小企业产融结合的可行性及模式选择 [J]. 技术经济与管理研究, 2014 (07).

[11] 翟淑萍, 毕晓方, 李欣. 薪酬差距激励了高新技术企业创新吗? [J]. 科学决策, 2017 (06).

[12] 窦欢, 张会丽, 陆正飞. 企业集团、大股东监督与过度投资 [J]. 管理世界, 2014 (07).

[13] 杜传忠, 金华旺. 制造业产融结合、资本配置效率与企业全要素生产率 [J]. 经济与管理研究, 2021, 42 (02).

[14] 杜传忠, 王飞, 蒋伊菲. 中国工业上市公司产融结合的动因及效率分析: 基于参股上市金融机构的视角 [J]. 经济与管理研究, 2014 (04).

[15] 杜军, 李莲君. 产融结合视角下的小额贷款公司再融资路径探析 [J]. 求索, 2013 (10).

[16] 傅艳. 产融结合简析 [J]. 中南财经政法大学学报, 2004 (01).

[17] 葛宝山, 何瑾. 产融结合与企业创新投资 [J]. 求是学刊, 2019, 46 (02).

[18] 葛兆强. 产融结合: 国有银企关系重建的制度基础 [J]. 人文杂志, 1999 (01).

[19] 古晓慧. 大型国有企业产融结合及其效用分析 [J]. 商场现代化, 2008 (13).

[20] 谷清水, 何诚颖. 西方产融结合与我国融资结构创新 [J]. 中

国经济问题，2002（03）．

　　[21] 顾卫．基于产业基金的山西产融结合模式研究 [J]．生产力研究，2009（24）．

　　[22] 郭牧炫，廖慧．民营企业参股银行的动机与效果研究：以上市民营企业为例 [J]．经济评论，2013（02）．

　　[23] 韩春清，夏丹，曹燕宁．通过建设"双创"平台助推小微企业产融服务 [J]．产业经济评论，2018（01）．

　　[24] 韩丹，王磊．产融结合、股权集中度与公司投资效率：基于上市公司参股银行的面板数据分析 [J]．企业经济，2016，35（11）．

　　[25] 韩民，高戍煦．产融结合型银行供应链金融业务有效性研究：基于昆仑银行的实证分析 [J]．财经理论与实践，2016，37（05）．

　　[26] 韩民，高戍煦．供应链金融对企业融资约束的缓解作用：产融企业与非产融企业的对比分析 [J]．金融经济学研究，2017，32（04）．

　　[27] 郝瑾．企业集团产融结合的路径及模式分析 [J]．企业管理，2016（09）．

　　[28] 郝颖，于冰，李雪轶．产融结合、治理相嵌与企业绩效：实体企业持股金融机构的经验证据 [J]．会计之友，2022（04）．

　　[29] 何敏．产融结合的风险与挑战 [J]．中国金融，2013（02）．

　　[30] 何涛，程小舟，孙寅，等．从多元化战略角度看企业集团产融结合 [J]．财务与会计，2013（04）．

　　[31] 何玉长，董建功．金融资本化与资本金融化亟需遏制：基于马克思主义产融关系理论的思考 [J]．毛泽东邓小平理论研究，2017（04）．

　　[32] 胡彦鑫，刘娅茹，杨有振．产融结合能否提升企业投资效率？——基于上市公司持股金融机构的经验证据 [J]．经济问题，2019

（03）.

[33] 黄斌，冯俭. 产融结合对国有上市公司绩效影响及机制研究：来自中国资本市场的经验证据 [J]. 社会科学研究，2020（05）.

[34] 黄昌富，徐亚琴. 产融结合、投资效率与企业经营绩效：基于制造业上市公司面板数据的实证研究 [J]. 现代财经（天津财经大学学报），2016，36（09）.

[35] 黄辉. 高管薪酬的外部不公平、内部差距与企业绩效 [J]. 经济管理，2012，34（07）.

[36] 黄明. 产融结合模式的国际比较与制度分析 [J]. 学习与探索，1999（02）.

[37] 黄仁杰. 融资证券化：实现产融结合的有效途径 [J]. 金融科学，1999（02）.

[38] 黄新建，李孟珂. 股权质押、过度自信与企业创新：来自我国民营企业的经验证据 [J]. 软科学，2020，34（03）.

[39] 惠利，丁新新. 我国装备制造业与生产性服务业的产融发展分析 [J]. 统计与决策，2019，35（11）.

[40] 姜增明，谢琳，冀玥竹. 融资租赁赋能中央企业产融结合研究 [J]. 企业经济，2018，37（09）.

[41] 蒋选，李殿相，陈长缨，等. 国外企业集团产融结合及其对我国大型企业集团的借鉴意义 [J]. 中央财经大学学报，1998（06）.

[42] 解维敏. "脱虚向实"与建设创新型国家：践行十九大报告精神 [J]. 世界经济，2018，41（08）.

[43] 景奎，王磊，徐凤敏. 产融结合、股权结构与公司投资效率 [J]. 经济管理，2019，41（11）.

[44] 黎文靖，岑永嗣，胡玉明. 外部薪酬差距激励了高管吗？——

基于中国上市公司经理人市场与产权性质的经验研究［J］.南开管理评论，2014，17（04）．

　　［45］黎文靖，李茫茫."实体+金融"：融资约束、政策迎合还是市场竞争？——基于不同产权性质视角的经验研究［J］.金融研究，2017（08）．

　　［46］李翀，曲艺.国际产融结合模式比较分析及借鉴［J］.亚太经济，2012（03）．

　　［47］李翀，曲艺.美日德产融结合模式比较分析及对中国的启示［J］.南京社会科学，2012（05）．

　　［48］李革森.我国产融结合的绩效检验：来自证券市场的证据［J］.开放导报，2004（02）．

　　［49］李惠彬，董琦，曹国华.基于熵理论的我国产融结合趋势分析［J］.统计与决策，2011（11）．

　　［50］李健英，李娟，赵津.抗战时期产融结合的脆弱性探析：以金城银行投资天字号企业为例［J］.南开经济研究，2016（05）．

　　［51］李涛，梁晶.基于RS-DEA的产融结合型农业上市企业经营绩效评价［J］.财经理论与实践，2019，40（04）．

　　［52］李维安，马超."实业+金融"的产融结合模式与企业投资效率：基于中国上市公司控股金融机构的研究［J］.金融研究，2014（11）．

　　［53］李晓鹏.全面深化产融结合［J］.中国金融，2016（02）．

　　［54］李旭超.产融结合对企业债务融资成本的影响研究［J］.会计之友，2017（11）．

　　［55］李远慧，陈蓉蓉.产融结合、贸易摩擦与制造企业创新产出［J］.科技进步与对策，2023，40（09）．

［56］李竹薇，王晓姗，黄赛梅，等．产融结合、债务融资类型与投资效率［J］．投资研究，2020，39（09）．

［57］梁琳琳，王敏．中石油产融结合模式与国际油价关系分析［J］．商业研究，2010（11）．

［58］林华，许余洁，高瑞东．产融结合与证券化模式［J］．中国金融，2016（03）．

［59］蔺元．我国上市公司产融结合效果分析：基于参股非上市金融机构视角的实证研究［J］．南开管理评论，2010，13（05）．

［60］凌文．大型企业集团的产融结合战略［J］．经济理论与经济管理，2004（02）．

［61］刘昌菊，茶洪旺．我国区域产融结合效率的实证分析［J］．统计与决策，2018，34（04）．

［62］刘超，祝琨璘．论以网络组织为基础的产融结合［J］．经济与管理研究，2016，37（04）．

［63］刘慧芳．产融资本结合是深化改革的现实选择［J］．经济问题，1999（07）．

［64］刘亮，朱慧敏．我国上市公司产融结合的效应分析：基于产业资本参股金融机构的实证研究［J］．金融评论，2018，10（06）．

［65］刘锡良，齐子漫，刘帅．产融结合视角下的资本形成与经济增长［J］．经济与管理研究，2015，36（07）．

［66］刘星，计方，郝颖．大股东控制、集团内部资本市场运作与公司现金持有［J］．中国管理科学，2014，22（04）．

［67］娄淑珍，吴俊杰，黄玉英．民营企业股权型产融结合的财务风险研究：来自上市公司的经验证据［J］．科技进步与对策，2014，31（23）．

［68］卢萍. 我国大型企业集团企业成长与产融结合之研究［J］. 科技管理研究, 2007（11）.

［69］卢奇骏. 积极引导产融结合健康有序发展［J］. 中国发展观察, 2012（02）.

［70］陆松开, 管总平, 杨竹清. 政府补贴对企业产融结合与研发创新关系的调节效应［J］. 统计与决策, 2020, 36（01）.

［71］陆松开. 产融结合、高管团队特征与创新效率［J］. 华南农业大学学报（社会科学版）, 2020, 19（03）.

［72］栾甫贵, 纪亚方. 高管外部薪酬差距、公司治理质量与企业创新［J］. 经济经纬, 2020, 37（01）.

［73］罗辉, 刘爱东, 杨松. 产融结合的区域经济联动分析［J］. 上海管理科学, 2010, 32（04）.

［74］罗兴, 朱乾宇. 经营协同的产融结合［J］. 中国金融, 2016（22）.

［75］马红, 侯贵生, 王元月. 产融结合与我国企业投融资期限错配: 基于上市公司经验数据的实证研究［J］. 南开管理评论, 2018, 21（03）.

［76］马红, 王元月. 金融环境、产融结合与我国企业成长［J］. 财经科学, 2017（01）.

［77］毛剑峰. 企业产融结合案例研究［J］. 财会通讯, 2021（24）.

［78］孟建, 刘志新. 基于资本循环视角的产融结合研究［J］. 厦门大学学报（哲学社会科学版）, 2010（02）.

［79］孟庆轩. 从产融结合到产融双驱: 企业的资本化扩张模式［J］. 国际经贸探索, 2011, 27（01）.

［80］牛彦秀, 马婧婷, 李昊坤. 高管薪酬激励对企业自主创新影响

研究：基于高新技术上市公司的经验数据 [J]. 经济与管理评论，2016, 32 (04).

[81] 欧阳三山，上官飞. 试论航空工业产融结合发展模式 [J]. 江西社会科学，2008 (12).

[82] 庞明，王梦鸽. 基于产融结合的我国能源企业绩效研究 [J]. 经济问题，2016 (09).

[83] 彭镇，陈修德，许慧. 外部薪酬差距对企业创新效率的影响研究 [J]. 证券市场导报，2020 (12).

[84] 祁怀锦，邹燕. 高管薪酬外部公平性对代理人行为激励效应的实证研究 [J]. 会计研究，2014 (03).

[85] 申立敬，史燕平，王光. 我国融资租赁业与实体经济产融协同效应研究 [J]. 哈尔滨商业大学学报（社会科学版），2019 (06).

[86] 盛安琪，汪顺，盛明泉. 产融结合与实体企业竞争力：来自制造业样本的实证分析 [J]. 广东财经大学学报，2018, 33 (01).

[87] 盛明泉，汪顺，商玉萍. 金融资产配置与实体企业全要素生产率："产融相长"还是"脱实向虚"[J]. 财贸研究，2018, 29 (10).

[88] 舒志军. 产融结合的台湾国泰金融控股公司 [J]. 经济导刊，2005 (03).

[89] 宋敏，陈灿君，李梦娇. 基于技术距离的企业融资渠道对 R&D 投资异质性影响 [J]. 南京社会科学，2021, (08).

[90] 孙晋，冯艳楠. 产融结合的经济力过度集中及其反垄断规制 [J]. 上海交通大学学报（哲学社会科学版），2010, 18 (01).

[91] 孙晋. 产融结合的经济内涵和法律界定 [J]. 江汉论坛，2010 (01).

[92] 孙晋. 产融结合之经营者集中的反垄断法分析 [J]. 武汉理工

大学学报（社会科学版），2009，22（04）．

　　[93] 谭明华．产业投资基金：民营经济产融结合的契机 [J]．经济问题探索，2008（02）．

　　[94] 谭小芳，范静．产融结合对农业上市公司融资能力的影响研究？[J]．农业经济问题，2016，37（06）．

　　[95] 谭小芳，范静．产融结合型农业上市公司运营效率研究 [J]．农业技术经济，2014（10）．

　　[96] 谭小芳，范静．跨国并购、产融结合与要素优化 [J]．宏观经济研究，2014（06）．

　　[97] 谭小芳，郭蕾，胡媛媛．国有上市公司产融结合的有效性研究 [J]．宏观经济研究，2016（10）．

　　[98] 谭小芳，王晗堃．高管金融背景、产融结合与国有企业价值 [J]．科学决策，2019（07）．

　　[99] 谭小芳，张伶俐，宋长儒．产融结合、持股比例与航运企业非效率投资 [J]．中国航海，2021，44（03）．

　　[100] 谭小芳，张伶俐．产融结合对制造企业研发投资具有双向调节作用吗 [J]．科技进步与对策，2018，35（22）．

　　[101] 谭小芳，张伶俐．产融结合类型、研发投资与创新产出 [J]．科技进步与对策，2020，37（11）．

　　[102] 谭小芳．基于股权投资的产融结合效应研究：以农业上市公司为例 [J]．财经问题研究，2016（06）．

　　[103] 万良勇，廖明情，胡璟．产融结合与企业融资约束：基于上市公司参股银行的实证研究 [J]．南开管理评论，2015，18（02）．

　　[104] 王爱东，李果．不同行业视角下产融结合效率的实证分析 [J]．统计与决策，2017（09）．

[105] 王超恩, 张瑞君, 谢露. 产融结合、金融发展与企业创新: 来自制造业上市公司持股金融机构的经验证据 [J]. 研究与发展管理, 2016, 28 (05).

[106] 王辰华. 我国产融结合的经济效应分析 [J]. 金融理论与实践, 2004 (08).

[107] 王红建, 曹瑜强, 杨庆, 等. 实体企业金融化促进还是抑制了企业创新: 基于中国制造业上市公司的经验研究 [J]. 南开管理评论, 2017, 20 (01).

[108] 王京, 王贞洁. 债务多元化与研发投入: 知识产权保护与产融结合的联合调节效应 [J]. 山西财经大学学报, 2020, 42 (09).

[109] 王景武. 金融改革与产融对接并举 [J]. 中国金融, 2015 (14).

[110] 王克馨, 李宏. 国内产融结合的发展历程与风险治理 [J]. 地方财政研究, 2015 (05).

[111] 王立清, 胡滢. 供应链金融与企业融资约束改善: 基于产融结合与战略承诺的调节作用分析 [J]. 中国流通经济, 2018, 32 (06).

[112] 王美英. 产融结合的约束因素及制度建设分析 [J]. 现代管理科学, 2010 (10).

[113] 王帅. 产融型企业集团的外汇市场风险传导研究 [J]. 经济问题, 2014 (09).

[114] 王帅. 产融型企业集团规模经济效应度量模型的构建及其实证研究 [J]. 财经理论与实践, 2013, 34 (06).

[115] 王帅. 产融型企业集团利率市场风险实证研究 [J]. 财经理论与实践, 2012, 33 (06).

[116] 王巍. 企业集团产融结合 [J]. 中国金融, 2012 (19).

［117］王晓天. 对中国产融结合问题的探讨［J］. 求是学刊, 2001 (05) .

［118］王新宇. 我国企业集团产融结合研究［J］. 投资研究, 2011 (04) .

［119］王秀丽, 贾吉明, 李淑静. 产融结合、内部资本市场与融资约束: 基于中国实体产业投资金融机构的视角研究［J］. 海南大学学报 (人文社会科学版), 2017, 35 (01) .

［120］王秀丽, 贾吉明, 李淑静. 基于企业间网络理论视角下的产融结合研究［J］. 现代管理科学, 2015 (06) .

［121］王秀丽, 是松伟. 从控制企业未来现金流角度讨论产融结合的风险控制方法［J］. 现代管理科学, 2015 (01) .

［122］王秀丽, 张龙天. 产融结合退出及影响因素分析: 基于参股非上市金融公司视角的实证研究［J］. 吉首大学学报 (社会科学版), 2017, 38 (01) .

［123］王秀丽, 梁鹏. 产融结合退出能否提升企业风险承担水平?［J］. 财经论丛. 2022 (01) .

［124］王昱, 夏君诺, 刘思钰. 产融结合与研发投资的非线性关系及异质性影响［J］. 财经科学, 2019 (06) .

［125］王增业, 刘远. 基于资产负债表观的产融结合探析［J］. 财务与会计, 2013 (11) .

［126］王志诚, 周春生. 金融风险管理研究进展: 国际文献综述［J］. 管理世界, 2006 (04) .

［127］王志明, 朱淑珍. 我国铁矿石定价机制研究与对策: 基于产融结合的视角［J］. 价格理论与实践, 2014 (03) .

［128］魏遥, 雷良海. 产融集团系统的演化博弈分析［J］. 管理学

报, 2009, 6 (08).

[129] 魏遥, 雷良海. 基于 Brusselator 模型的产融集团演化机制研究 [J]. 科技进步与对策, 2009, 26 (18).

[130] 魏遥. 基于 Brusselator 模型的产融集团生成机制研究 [J]. 管理评论, 2010, 22 (08).

[131] 温忠麟. 张雷, 侯杰泰, 等. 中介效应检验程序及其应用 [J]. 心理学报, 2004 (05).

[132] 文柯. 基于 Logistic 的上市公司产融结合风险预警模型研究 [J]. 中国管理科学, 2012, 20 (S1).

[133] 吴朝霞, 于亚男. 国有商业银行产融结合的推进: 一个制度分析框架 [J]. 生产力研究, 2008 (24).

[134] 吴春雷, 张新民. 产融结合对经营性资产增值的影响: 是助力还是阻力 [J]. 北京工商大学学报 (社会科学版), 2018, 33 (04).

[135] 吴妍, 詹清荣. 最优产融配置范式: 中国规模企业产融互动的创新方向 [J]. 中国发展观察, 2013 (07).

[136] 伍华林. 企业产业资本与金融资本结合的条件分析 [J]. 商业时代, 2007 (35).

[137] 夏子航, 李天钰, 辛宇. 同群效应与企业产融结合策略选择: 来自上市公司持股金融机构的实证证据 [J]. 证券市场导报, 2019 (06).

[138] 项国鹏, 张旭. 基于 SFA 的企业产融结合效率及影响因素的实证研究 [J]. 科学学与科学技术管理, 2013, 34 (09).

[139] 肖步云. 产融结合与我国商贸流通企业创新的关系探讨 [J]. 商业经济研究, 2020 (20).

[140] 邢会, 夏志林, 马佳. 产融结合能否校正企业非效率投

资？——基于金融机构持股实体企业视角 [J]. 金融发展研究, 2021 (12).

[141] 邢天添. 深化产融结合助力实体经济 [J]. 宏观经济管理, 2017 (07).

[142] 邢天添. 中国产融结合：演进路径、宏观效应与产融政策 [J]. 中央财经大学学报, 2016 (12).

[143] 熊家财, 桂荷发. 产融结合能促进企业技术创新吗？——来自上市公司参股非上市银行的证据 [J]. 当代财经, 2019 (03).

[144] 熊朗羽, 彭薇, 温明振. 产融结合、政府补助与民营企业技术创新投入 [J]. 地方财政研究, 2021 (09).

[145] 徐波, 白永秀, 邹东涛. 产融结合实现的条件及收益分析 [J]. 经济管理, 2002 (12).

[146] 徐晟. 产融结合：我国市场经济中要素优化的途径选择 [J]. 上海金融, 1997 (11).

[147] 徐丹丹. 国有商业银行产融结合的路径选择 [J]. 经济理论与经济管理, 2006 (04).

[148] 徐丹丹. 商业银行产融结合的问题研究 [J]. 学习与探索, 2006 (04).

[149] 徐海峰, 邓金丽. 融资约束、产融结合与企业研发投入 [J]. 科学管理研究, 2020, 38 (03).

[150] 徐辉, 周孝华. 外部治理环境、产融结合与企业创新能力 [J]. 科研管理, 2020, 41 (01).

[151] 徐辉, 周孝华. 制度环境、产融结合对企业创新绩效的影响研究 [J]. 科学学研究, 2020, 38 (01).

[152] 许嘉禾. 体育产业产融结合：生成逻辑、模式抉择与对策研瞻

[J]. 体育科学, 2020, 40 (01).

[153] 许天信, 沈小波. 产融结合的原因、方式及效应 [J]. 厦门大学学报 (哲学社会科学版), 2003 (05).

[154] 许天信. 产融关系模式的国际比较与借鉴 [J]. 兰州大学学报, 2003 (06).

[155] 旭华. 薪酬水平和薪酬差距对企业运营结果影响的元分析 [J]. 心理科学进展, 2016, 24 (07).

[156] 严宝玉, 吴逾峰, 张文韬. 产融结合与财务公司功能 [J]. 中国金融, 2014 (17).

[157] 杨红, 杨柏. 产融结合制约因素分析及对策研究: 基于国有产业资本与国有金融资本融合的视角 [J]. 探索, 2011 (01).

[158] 杨克智, 程恺之, 刘颖. 京能财务公司产融结合的路径与创新 [J]. 财务与会计, 2017 (07).

[159] 杨涛. 产融结合的突破口 [J]. 中国金融, 2012 (15).

[160] 杨兴全, 王丽丽. 产融结合如何影响公司现金持有: 资源效应与治理效应 [J]. 财经论丛, 2021 (07).

[161] 杨筝, 李茫茫, 刘放. 产融结合与实体企业技术创新: 促进还是抑制——基于金融机构持股实体企业的实证研究 [J]. 宏观经济研究, 2019 (10).

[162] 杨竹清. 产融结合、企业属性和研发创新 [J]. 产业经济评论 (山东大学), 2018, 17 (01).

[163] 杨竹清. 产融结合与全要素生产率关系 [J]. 金融经济学研究, 2017, 32 (05).

[164] 杨竹清. 企业研发创新、多元化经营与产融结合: 来自中国上市公司的经验证据 [J]. 当代经济管理, 2018, 40 (11).

[165] 姚德权, 王帅, 罗长青, 等. 产融结合型上市公司运营效率评价的实证研究 [J]. 中国软科学, 2011 (03).

[166] 姚德权, 王帅. 产融结合型上市公司运营效率评价研究 [J]. 财经问题研究, 2011 (05).

[167] 易兰广. 基于 Malmquist 指数的中国企业集团产融结合效率评价 [J]. 云南财经大学学报, 2016, 32 (04).

[168] 尹国平. 我国集团企业产融结合发展研究 [J]. 北京交通大学学报 (社会科学版), 2011, 10 (03).

[169] 尹美群, 盛磊, 李文博. 高管激励、创新投入与公司绩效: 基于内生性视角的分行业实证研究 [J]. 南开管理评论, 2018, 21 (01).

[170] 尹琪, 耿松涛. 中海油集团产融结合模式选择及对策分析 [J]. 现代管理科学, 2010 (03).

[171] 余鹏翼. 产融结合的制度变迁及制度安排 [J]. 经济学动态, 2002 (06).

[172] 俞坚. 产融结合模式的国际比较与借鉴 [J]. 投资研究, 2002 (12).

[173] 苑泽明, 季荣花, 刘思源. 高管外部薪酬差距与企业创新水平、创新效率 [J]. 财会月刊, 2021 (14).

[174] 张建刚, 张云凤, 康宏. 产融结合视角下我国金融业沿 "一带一路" 走出去的思考 [J]. 国际贸易, 2018 (03).

[175] 张立军. 产融结合实现的条件分析 [J]. 财经科学, 2002 (S2).

[176] 张明坤. 论产融集团的发展与监管 [J]. 上海金融, 2010 (02).

[177] 张鹏, 杨珩昱. 产融结合的理论分歧、发展特征与实现基础

[J]. 产经评论, 2020, 11 (05).

[178] 张鹏. 产融结合进程、研究动态与发展趋势: 基于我国经济体制改革的逻辑 [J]. 财经论丛, 2017 (06).

[179] 张庆亮, 孙景同. 我国产融结合有效性的企业绩效分析 [J]. 中国工业经济, 2007 (07).

[180] 张胜达, 刘纯彬. 产融结合背景下财务公司运行机制、现状及问题研究 [J]. 现代管理科学, 2015 (10).

[181] 张胜达, 刘纯彬. 企业集团产融结合的风险传导机制与风险控制研究 [J]. 现代管理科学, 2016 (02).

[182] 张思菊. 融资约束与企业科技创新投入相关性研究: 基于产融结合视角 [J]. 财会通讯, 2018 (15).

[183] 张五常. 交易费用的范式 [J]. 社会科学战线, 1999 (01).

[184] 张新民, 叶志伟, 胡聪慧. 产融结合如何服务实体经济: 基于商业信用的证据 [J]. 南开管理评论, 2021, 24 (01).

[185] 张玉喜, 刘希宋. 新型工业化的产融和谐发展研究 [J]. 求索, 2005 (10).

[186] 张志宏, 朱晓琳. 产权性质、高管外部薪酬差距与企业风险承担 [J]. 中南财经政法大学学报, 2018, (03).

[187] 赵洪武, 王稼琼. 铁路产融资本的理论结构探析 [J]. 中国流通经济, 2010, 24 (06).

[188] 赵志龙. 产融结合的商业模式分析 [J]. 新金融, 2013 (05).

[189] 郑文平, 苟文均. 中国产融结合机制研究 [J]. 经济研究, 2000 (03).

[190] 支燕, 吴河北. 动态竞争环境下的产融结合动因: 基于竞争优

势内生论的视角 [J]. 会计研究, 2011 (11).

[191] 支燕, 吴河北. 我国高技术产业产融结合的有效性研究 [J]. 科学学与科学技术管理, 2010, 31 (08).

[192] 植凤寅, 缪晓波, 吴志鹏, 等. 新产融结合的切入点 [J]. 中国金融, 2015 (23).

[193] 周宾. 绿色矿业产融研协同共生的数理模型、系统机制与引导政策 [J]. 中国科技论坛, 2019 (11).

[194] 周卉, 谭跃. 产业政策、产融结合与企业融资约束 [J]. 华东经济管理, 2018, 32 (11).

[195] 周建莉, 戴敏. 产融结合掀起财务公司热潮 [J]. 中国投资, 2003 (12).

[196] 周莉, 韩霞. 产融结合资本配置效应的理论分析 [J]. 中央财经大学学报, 2010 (02).

[197] 周梅, 杨洋, 常翔. 产融结合型房地产上市企业效率问题实证研究 [J]. 经济问题, 2019 (04).

[198] 朱保成. 产融结合在京能集团的实践与创新 [J]. 财务与会计, 2017 (07).

[199] 庄仲乔, 郭立宏. 产融结合促进我国供给侧结构性改革深化的因素与路径 [J]. 西北大学学报 (哲学社会科学版), 2019, 49 (01).

[200] 庄仲乔. 产融结合促进我国战略性新兴产业成长的理论与实证分析 [J]. 人文杂志, 2018 (11).

[201] 庄仲乔. 产融结合对传统工业转型升级的影响研究——以2000—2017 年纺织业 A 股上市公司为例 [J]. 当代经济科学, 2019, 41 (02).

二、英文文献

[1] HADLOCK C J, PIERCE J R. New Evidence on Measuring Financial Constraints: Moving Beyond the KZ Index [J]. *The Review of Financial Studies*, 2010, 23 (5).

[2] COASE R H. The Nature of the Firm [J]. *Economica*, 1937, 4 (16).

[3] Financialisation and Capital Accumulation in the Non - financial Corporate Sector: A Theoretical and Empirical Investigation on the US Economy: 1973—2003 [J]. *Cambridge Journal of Economics*, 2008, 32 (6): 863 - 886.

[4] AKIRA G. Business Groups in aMarkst Economy [J]. *European Economic Review*, 1982, 19.

[5] TARUN K, YISHAY Y. Business Groups in Emerging Markets: Paragons or Parasites? [J]. *Journal of Economic Literature*, 2007, 45 (2).

[6] DOWNES P E, CHOI D. Employee Reactions to Pay Dispersion: A Typology of Existing Research [J]. *Human Resource Management Review*, 2014, 24 (1).

[7] LI X S, GREENWOOD R. The Effect of Within-Industry Diversification on Firm Performance: Synergy Creation, Multi - Market Contact and Market Structuration [J]. *Strategic Management Journal*, 2004, 25 (12).

[8] STEIN J C. Internal Capital Markets and the Competition for Corporate Resources [J]. *Journal of Finance*, 1997 (52).

[9] ACHARYA V, ZHAO X X. Financial Dependence and Innovation: The case of Public versus Private Firms [J]. *Journal of Financial Economics*, 2016, 124 (2).

后　记

　　企业产融结合作为一种重要的经济和金融现象，是经济和金融市场发展到一定阶段的产物，是实体企业与金融企业发展到一定程度的必然趋势。据统计，在世界 500 强企业中，有 80% 以上企业都成功地进行了产融结合。本专著是在笔者博士后出站报告的基础上修改而成的。

　　感谢我们的工作单位江西飞行学院给予良好科研环境、经费等方面的支持，才使得本专著能够顺利出版！

　　感谢世界 500 强企业浙江恒逸集团有限公司倪德锋总裁、何斐副总裁（原集团战略投资部总经理）以及集团战略投资部同仁在笔者在站期间给予的大力支持！

　　最后，向所有关心我们、帮助我们的良师、同学、朋友表示我们最衷心的感谢和祝福！